人工智能嵌入数字乡村建设：
理论与实践

张　敏　董建博　著

中国农业出版社

北　京

　　人工智能作为新一轮科技革命与产业变革的核心技术变量，是推动数字乡村建设的重要引擎。党的十八大以来，党中央高度重视数字乡村建设，将其作为实施乡村振兴战略的关键抓手。数字乡村建设不仅是弥合城乡数字鸿沟的重要路径，更是实现农业农村现代化、促进共同富裕的关键举措。本研究以人工智能技术嵌入数字乡村建设为切入点，综合运用精明增长理论、新内生发展理论、产业融合理论和技术创新扩散理论等理论框架，结合文献分析、实证研究、案例分析等方法，系统探讨人工智能影响数字乡村建设的理论逻辑与实践经验。本研究的主要结论有：

　　（1）构建了人工智能嵌入数字乡村建设的理论框架，并基于2018—2020年全国1 874个县域的面板数据，采用双向固定效应模型和空间杜宾模型探究了人工智能对数字乡村建设的影响效应。结果表明，人工智能能够显著提升数字乡村建设水平，其促进作用在乡村数字基础设施、乡村治理数字化、乡村生活数字化和乡村经济数字化等维度均得到了验证；机制分析表明，人工智能通过聚集效应和聚集经济间接促进数字乡村建设；政府规模对人工智能与数字乡村建设的关系呈现倒U形调节作用，即适度的政府规模能够强化人工智能的促进作用，但政府规模过大则会削弱其正向影响；进一步分析表明，人工智能对数字乡村建设的影响不具有普遍的空间溢出效应，但在非返乡创业试点县域存在空间溢出效应。此外，本研究还探讨了人工智能在不同区域和政策背景下的异质性影响，结果表明，人工智能对数字乡村建设的促进作用在开通高铁的县域和非返乡创业试点县域更为显著。

（2）从全球视角出发，系统总结了美国、日本、韩国及欧洲主要国家在人工智能助推数字乡村建设中的模式与经验，研究发现美国通过智慧农业与信息服务体系的深度融合，显著提升了农业生产效率与乡村数字化水平；日本依托政策协同与农民技能提升，破解了农村空心化与老龄化困境；韩国以村民自治与数字化赋能为核心，构建了高效透明的乡村治理体系；欧洲国家则通过政策与技术协同、全产业链整合以及产学研用一体化创新生态，推动了乡村经济、社会与生态的协调发展。我国可借鉴国外的先进经验，强化政策引领与顶层设计，加大基础设施建设力度，注重技术赋能与产业协同，完善人才培养与激励机制，创新社会参与模式，推动政府、企业、科研机构与农民的协同合作，形成共建共享的数字乡村发展格局。

（3）从全国实践出发，深入剖析了我国人工智能赋能数字乡村建设的多元路径与创新模式，研究发现浙江德清县五四村依托"数字乡村一张图"实现了乡村治理的智能化转型，推动了治理效能的显著提升；河南西峡县通过"数字孪生社会"平台，有效破解了山区县村庄分散、人口不均的治理难题；浙江杭州市临安区、白牛村借助农村电商驱动产业升级，形成了返乡创业与产业融合的良性循环；四川蒲江县和河北望都县分别通过智慧农业示范区和高优农业技术服务专业合作社，优化了农业生产流程，带动了农民增收；四川渠县和河北曲阳县则通过数字文化建设，提升了文化遗产保护水平与文化传播力。这些实践表明，人工智能的应用为我国数字乡村建设注入了强大动力，提供了有力支撑，助力实现乡村经济、社会与生态的可持续发展。

（4）从浙江丽水县域实践出发，系统总结了人工智能嵌入数字乡村建设的模式与经验。研究发现，青田县构建"政府＋侨联＋跨境电商＋农户"矩阵式协作网络，推动资源整合与全球市场链接；松阳县依托"智慧茶产业"实现全链条数字化转型；遂昌县通过"天工之城"平台形成政策与技术联动模式，提升治理效能；景宁畲族自治县通过"景宁600"品牌建设，探索人工智能赋能生态农业，提升农产品附加值。然而，丽水实践中仍面临区域发展失衡、技术应用浅层、创新动力不足、数据安全风险、产业融合困境及人才短缺等问题。因此，丽水构建了区域协同机制破解资源分配不均问题，深化技术场景应用提升全链条效能，完善人才体系破解"引育用留"难题，筑牢数据安全防线完善基础设施，重构产业生态激活融合发展动能，完善对口支援机制拓展市场。

目 录
CONTENTS

实　践　篇

目　录

理论篇

1 绪 论 //////////////////////////////////////

数字乡村建设是乡村振兴战略的重要内容，也是推动城乡融合发展、实现农业农村现代化的关键路径。近年来，随着数字技术在农村地区的广泛普及，数字乡村建设取得了显著成效。截至 2023 年年底，全国行政村通光纤和 4G 比例均超过 99％，农村互联网普及率达到 60％以上，数字技术在农业生产、农村治理、公共服务等领域得到广泛应用。然而，数字乡村建设仍面临诸多困境。一方面，农村数字基础设施建设仍存在区域发展不平衡的问题，部分偏远地区网络覆盖不足，数字鸿沟依然存在；另一方面，农村数字人才短缺，农民数字素养和技能水平普遍较低，制约了数字技术的深度应用。此外，数字乡村建设中的数据资源利用效率不高，数据孤岛现象突出，难以形成系统性的数字化解决方案。这些问题表明，数字乡村建设在迈向高质量发展的过程中，亟须突破技术瓶颈和制度障碍。

人工智能作为新一轮科技革命和产业变革的核心驱动力，近年来取得了突破性进展。从深度学习算法的优化到大模型的广泛应用，人工智能技术在图像识别、自然语言处理、智能决策等领域的性能大幅提升。与此同时，人工智能技术的普及化和应用成本的降低，使其在农业、医疗、教育等领域的应用场景不断拓展。在农业领域，人工智能已广泛应用于精准种植、病虫害监测、农产品溯源等环节，显著提升了农业生产效率和质量；在农村公共服务领域，人工智能技术通过智能医疗、在线教育、智慧政务等应用，有效提升了农村居民的生活质量。可以说，人工智能的快速发展为数字乡村建设提供了强大的技术支撑和创新动力，尤其在解决数字乡村建设中的数据孤岛、人才短缺等问题方面，展现出巨大的潜力。

在这一背景下，深入研究人工智能赋能数字乡村建设的理论与实践具有重要的现实意义。首先，人工智能与数字乡村建设的结合是推动乡村振兴战略落地的重要抓手。通过人工智能技术的深度应用，可以有效破解数字乡村建设中的技术瓶颈，提升农村数字化治理水平，促进城乡资源的均衡配置。其次，人工智能赋能数字乡村建设是实现农业农村现代化的必然要求。在农业现代化进程中，人工智能技术能够推动农业生产方式的智能化转型，优化农业生产结构，提高农业附加值，为农村经济发展注入新动能。最后，人工智能赋能数字乡村建设是缩小城乡数字鸿沟、促进共同富裕的重要路径。通过智能技术的普及应用，可以提升农村居民的数字素养，增强农村地区的发展内生动力，为城乡融合发展提供技术保障。然而，当前关于人工智能赋能数字乡村建设的研究仍处于起步阶段，理论体系尚不完善，实践路径也缺乏系统性总结。因此，深入探讨人工智能赋能数字乡村建设的理论逻辑与实践路径，不仅是学术研究的前沿课题，也是推动数字乡村高质量发展的重要实践需求。

1.1 研究背景

1.1.1 数字乡村建设的首要任务与价值取向

（1）数字乡村建设的首要任务

数字乡村建设的首要任务是推动乡村产业振兴。产业振兴是乡村振兴的重中之重，也是实际工作的切入点。产业兴旺是乡村振兴的关键，是解决农村一切问题的前提，更是数字乡村建设的首要任务。然而，农村居民对数字乡村的认识、理解和建设需要一个长期的发展过程，同时也需要持续的资源投入。

乡村产业数字化是数字乡村建设的核心内容之一，它是指利用数字技术对农业、乡村制造业、乡村服务业等产业进行数字化改造。具体来说，乡村产业数字化主要包括智慧农业、农村电商、智慧旅游、数字普惠金融等（曾亿武等，2021）。产业数字化通过提升生产效率、增加就业岗位带来的经济效益，既能推动农村居民理解新技术、接受新事物、形成新观念，又能提供乡村治理、农村公共服务等数字化发展所必需的多样资源，塑造人人认同、人人参与、人人创新的数字乡村建设形势。目前，在我国大多数农村地区，传统农业仍然是主导产业。随着数字技术在生产端的加速渗透和融合，推进数字乡村建设需要更加注重建设生产率高、可预测性强、适应气候变化能力强的智慧农业生产系统。通过提升农业生产资源投入的精准度，可以帮助农村居民更好地预测和应对病虫害、极端天气等挑战，从而实现农村产业从"决策—生产—流通交易"的数字孪生框架建设。

实际上，以数字技术应用与推广为核心的数字经济，为农村地区的商业发展开辟了多样化的新增值渠道，创造了大量新兴的生产性工作机会。这种源自产业的强大内生动力，不仅让我国农村居民更愿意拥抱新技术带来的改变，还激励他们进行实践层面的创新与拓展。以电子商务为例，无论是偏远地区的企业还是个体，都可以通过网络便捷有效地展示和销售自身具有相对优势的产品。2023 年，我国农产品网络零售额达到 5 870.3 亿元，同比增长 12.5%，两项增速均快于网络零售额总体增速。全国农村网络零售额连续三年增长率保持在 10% 以上，进入平稳增长期。直播带货、内容电商等新模式新业态的快速发展，推动了"原生态""手工劳作""慢生活"等成为农村地区独具竞争力的标签，助力农业自然景观、文化价值等属性的变现。

（2）数字乡村建设的价值取向

农村的核心功能在于确保粮蔬供给安全，提供生态屏障与景观，其价值取向是保障发展的均衡性、社会服务的普惠性与包容性。数字乡村与智慧城市虽都涵盖规划与公共服务等内容，但因地理、人口、需求结构等差异，数字乡村不能简单复制智慧城市模式。相较于智慧城市，数字乡村建设更需强调"应用"与"包容"，而非绝对"引领"或"创造"。一方面，农村地区全额照搬智慧城市在设施、交通、管网等方面的创新实践既不现实也不经济。目前，城市建成区面积达 6.03 万平方千米，而农村地域更为广袤，建设资金缺口巨大。另一方面，城乡间、涉农与非农行业间的收入差距明显，反映出农村地区的金融、人力资本与技术实力难以满足发展前沿数字技术的条件。研究表明，当前城乡收入差距显著，同期行业收入差距亦很明显，数字技术类工资最高，而农林牧渔工资最低。因此，在数字乡村建设布局中，政府与企业需权衡技术与设施的应用成本与价值收益，理解数字技术的内涵与作用，选择适合而非最前沿的技术与基础设施，避免盲目追求"先进性"导致性能过剩、功能闲置。应重视数字化"微创新"与"微改进"，避免农村地区出现数字技术创新与生产率提升不显著的"生产率悖论"。同时，需借鉴城市地区服务业、工业数字化发展经验，充分利用工业互联网、数字孪生城市等既有设施标准与技术架构，探索既有技术与农村生活、农业生产的创新融合，寻求经济效益与社会效益相得益彰的建设方案。

1.1.2　人工智能嵌入数字乡村建设的实施逻辑

人工智能技术融入数字乡村建设需遵循系统性、适配性与可持续性原则，其核心逻辑在于通过技术手段实现乡村全要素整合与全领域覆盖，形成与乡村振兴战略目标相匹配的数字化解决方案。通过统筹农业生产、基层治理、公共服务等关键领域的技术渗透，人工智能可系统性优化乡村资源配置效率，推动传统发展模式向智能化、精准化方向转型，最终构建数字技术与乡村发展深度融合的可持续生态。

（1）人工智能嵌入数字乡村建设的目标体系

人工智能嵌入数字乡村建设的核心目标在于推动乡村的全面数字化转型，提升乡村居民的生活质量与幸福感，同时为乡村的可持续发展提供技术支撑。其具体目标如下：第一，提升农业生产智能化水平。通过人工智能技术优化农业生产的全流程管理，包括精准种植、智能灌溉、病虫害预测等，提高农业生产效率与农产品质量，推动农业现代化进程。第二，优化乡村治理能力。利用人工智能技术整合乡村数据资源，构建智能化治理平台，提升乡村治理的精准性与效率，形成乡村治理新格局。第三，增强公共服务供给能力。通过人工智能技术提升乡村教育、医疗、交通等公共服务的智能化水平，缩小城乡公共服务差距，促进公共服务均等化。第四，助力乡村生态保护与修复。利用人工智能技术实现乡村生态环境的实时监测与科学管理，推动乡村生态系统的可持续发展。

（2）人工智能嵌入数字乡村建设的价值维度

人工智能通过数据驱动重构乡村发展模式，其价值体现在三个层面：在生产领域，智能决策系统整合气象、土壤等多元数据优化种植方案，自动化设备集群实现全程机械化作业，区块链溯源技术保障农产品质量安全；在治理领域，智能管理平台整合政务、医疗、教育资源，数字孪生系统实现基础设施实时监测与应急响应；在城乡协同领域，智能匹配系统打破信息壁垒，远程医疗与教育平台缓解城乡公共服务差距。技术赋能正从效率提升、模式创新、资源均衡等维度重塑乡村发展格局。

（3）人工智能嵌入数字乡村建设的基本逻辑

建构人工智能嵌入数字乡村建设的逻辑，需要从技术驱动、组织变革、环境优化和能力提升四个核心维度展开，深入探究这些要素在乡村场域中的交互作用机制。首先，技术驱动是人工智能嵌入数字乡村建设的起点。人工智能技术通过算法优化、数据挖掘和智能决策等手段，为乡村农业、教育、医疗、公共服务等领域提供了全新的解决方案。以智能农业系统为例，该系统能够实时监测土壤湿度、气候条件和作物生长状态，从而实现精准灌溉、施肥和病虫害防治；智能医疗平台则通过远程诊断和健康监测，弥补了乡村医疗资源的不足。技术驱动不仅提升了乡村资源的利用效率，还为乡村社会注入了创新活力。

　　然而，技术的嵌入并非孤立存在，而是与乡村组织结构的变革深度交织。人工智能技术的应用需要乡村基层组织的协调与支持，同时也推动了乡村治理模式的转型。传统的乡村治理以经验为主，而人工智能技术的引入则促使治理模式向数据驱动、智能决策的方向发展。例如，村集体可以通过智能管理系统实时掌握村庄资源分布和村民需求，从而优化资源配置和公共服务供给。这种技术与组织的双向互动，不仅提升了乡村治理的效率，还增强了乡村社会的适应性和韧性。

　　环境优化是人工智能嵌入数字乡村建设的重要保障。乡村的数字化基础设施、政策支持和文化氛围共同构成了技术嵌入的外部条件。具体表现为宽带网络的普及和5G技术的应用为人工智能技术的落地提供了硬件支持；政府出台的数字乡村建设政策则为技术推广提供了制度保障；而乡村社会对新技术的接受度和参与度则直接影响了技术的可持续性。环境优化不仅为技术嵌入创造了条件，还通过改善乡村社会的整体环境，进一步强化了技术驱动和组织变革的效果。

　　能力提升是人工智能嵌入数字乡村建设的最终目标。乡村居民的数字素养、基层干部的管理能力以及乡村企业的创新能力，是决定技术嵌入成效的关键因素。通过数字技能培训、技术推广和教育普及，乡村居民能够更好地适应和利用人工智能技术；基层干部则通过学习智能管理工具，提升了乡村治理的现代化水平；乡村企业则通过引入人工智能技术，实现了产业升级和竞争力提升。能力提升不仅增强了乡村社会的内生动力，还为技术驱动、组织变革和环境优化提供了持续的支撑。

　　综上所述，人工智能嵌入数字乡村建设的逻辑是一个动态的交互过程。技术驱动、组织变革、环境优化和能力提升四个要素相互作用、相互促进，共同推动了乡村社会的数字化转型。这一逻辑框架（图1-1）不仅为数字乡村建设提供了理论依据，也为实践探索指明了方向，最终目标是实现乡村社会的可持续发展和共同富裕。

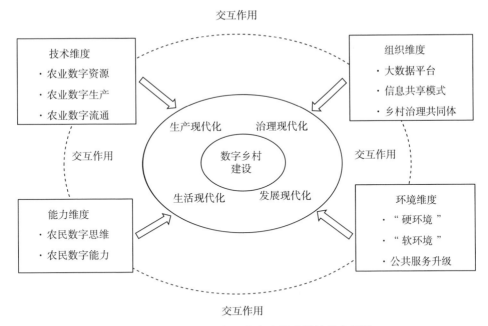

图 1-1 人工智能嵌入数字乡村建设的基本逻辑

1.2 研究意义

第一，本研究从学理上对人工智能与数字乡村建设之间的关联进行分析，能够为完善我国数字乡村建设的理论知识体系提供新的增长点，引导人工智能技术积极融入全国数字乡村建设实践。此外，本研究从精明增长理论视角研究人工智能技术在数字乡村建设中的嵌入机制，不仅填补了人工智能与数字乡村交叉领域的理论空白，也为精明增长理论注入了新的内涵。

第二，本研究在梳理国内外相关文献的基础上，结合中国乡村发展的现实特征与数字化转型需求，提出人工智能嵌入数字乡村建设的理论分析框架，并通过实证研究验证其有效性。该框架从技术适配性、制度创新性、社会接受度等多方面展开，揭示了人工智能技术在乡村场景中的作用逻辑与路径选择。通过理论与实证的双轮驱动，本研究不仅为数字乡村建设提供了科学依据，也为人工智能技术的本土化应用提供了实践指导，进一步推动了理论研究与现实需求的深度融合。

第三，从实践层面看，本研究提炼了国内外人工智能嵌入县域数字乡村建设的经验和模式，不仅能够总结先行区域可借鉴的经验和模式，也为破解城乡二元结构、实现乡村现代化提供了新的思路。从而可以促进政府部门对县域数字乡村建设的再认识，为建立健全县域数字乡村发展的体制机制与政策体系提供支持。

1.3 研究内容与研究方法

1.3.1 研究内容

本研究分为理论与实践两大篇，包括 6 个部分。其中，上篇为理论篇，包括了第 1 章、第 2 章和第 3 章，下篇为实践篇，包括了第 4 章、第 5 章和第 6 章，具体内容为：

第 1 章是绪论部分。主要介绍了本研究的选题背景与意义，对辨析人工智能嵌入数字乡村建设研究的重要性和必要性进行了简单论述，同时对本研究的理论与现实意义进行了阐述。在此基础上，本章还介绍了本研究的研究方法、研究内容和主要创新点。

第 2 章是文献综述与基础理论部分。本章主要从以下几个方面进行了相关文献梳理：①人工智能发展的系统解读，主要对人工智能发展的研究现状、概念内涵、发展水平测度、经济效应、就业影响、产业融合以及监管研究进行了相关文献梳理；②数字乡村研究的全景素描，主要对数字乡村的基本内涵、建设测度、建设困境、建设路径、绿色化研究以及治理研究进行了相关文献梳理；③人工智能对数字乡村的影响研究，主要对人工智能与数字乡村建设的关系进行了相关文献梳理。然后，本章对人工智能与数字乡村发展的相关理论进行了系统分析，包括精明增长理论、新内生发展理论、产业融合理论以及技术创新扩散理论；再结合人工智能与数字乡村的实践特点，探讨了相关理论在两者关系中的适用性与指导意义。本部分的理论梳理为后续研究提供了坚实的理论支撑。

第3章是人工智能影响数字乡村建设的实证分析。本章首先从理论层面分析了人工智能对数字乡村建设的影响逻辑，结合精明增长理论，探讨了人工智能通过生产、治理和生活三个维度推动数字乡村建设的内在机制；然后基于2018—2020年全国1874个县的面板数据，提出了研究假设并构建了双向固定效应模型，实证检验了人工智能对数字乡村建设的促进作用，并通过Heckman二阶段法、工具变量法和PSM-DID等方法对内生性问题进行了检验，同时运用多种稳健性检验方法确保结论的可靠性；接着结合理论分析，实证考察了人工智能通过聚集效应和聚集经济间接影响数字乡村建设的作用机制，并从政府规模的调节作用和空间效应的异质性角度分析了人工智能对数字乡村建设的差异化影响；最后结合实证结果，提出了推动人工智能与数字乡村建设深度融合、优化政府规模与职能、发挥人工智能的聚集效应、关注空间溢出效应以及加强政策评估与动态调整的政策建议。

第4章是国外人工智能助推数字乡村建设的模式与经验。当前，全球范围内人工智能技术在农业农村领域的应用日益广泛，各国在数字乡村建设方面的实践为我国提供了丰富的借鉴。本章首先分析了美国基于优质农村信息服务体系的人工智能助推数字乡村建设模式，总结了其在智慧农业、信息服务体系构建、人工智能设施应用和政策支持方面的经验；其次，探讨了日本基于政策协同的人工智能助推数字乡村建设模式，提炼了其在政策完善、农民培训、技术推广和服务新业态培育等方面的做法；再次，研究了韩国基于政府引导的人工智能助推数字乡村建设模式，梳理了其在政策引领、村民自治、乡村管理数字化转型和智慧农业发展方面的经验；最后，总结了欧洲国家（英国、德国、法国、荷兰）基于多方主体共生、全链条发展和"政策—技术"协同的人工智能助推数字乡村建设模式，归纳了其在政策支持、技术应用、资金投入、数字基础设施建设和人才培养方面的经验。本章通过对国外模式的系统分析，为我国人工智能助推数字乡村建设提供了有益的启示和借鉴。

第5章是我国人工智能促进数字乡村建设的实践。近年来，我国数字乡村建设在顶层设计和基础设施完善的基础上取得了显著成效。本章首先总结了人工智能在智慧农业领域的实践经验，包括四川蒲江县智慧农业示范区的精准农业模式、河北望都县高优农业技术服务专业合作社的智能化管理模式以及河北邱县空天地一体化数字农田感知体系的全生命周期管理模式；其次，探讨了人工智能在乡村数字治理中的应用，分析了云南楚雄市"5G＋数字乡村"综合服务云平台的全方位革新、浙江德清县五四村"数字乡村一张图"的智能治理路径以及河南西峡县"数字孪生社会"建设的创新模式；再次，研究了人工智能在乡村新业态中的驱动作用，描述了人工智能在乡村旅游和农村电商领域的应用效果；最后，总结了浙江在数字乡村建设中的创新实践与模式探索，提炼了浙江在智慧农业、乡村治理、产业融合和公共服务等方面的成功经验及其对全国的启示。这些实践表明，人工智能技术在推动数字乡村建设中发挥了重要作用，为其他地区提供了宝贵的借鉴。

第6章是人工智能嵌入丽水县域数字乡村建设的现实调查。近年来，丽水市在人工智能快速发展和数字乡村建设政策支持下，积极探索人工智能技术在县域数字乡村建设中的应用，取得了显著成效。本章首先分析了丽水县域人工智能快速发展的现实优势，包括人工智能企业数量的显著增长、算力基础设施的逐步加强以及人工智能与产业的深度融合；然后总结了丽水县域数字乡村建设的典型模式，如青田县"侨乡资源数字化"协作网络的多元共进矩阵型发展模式、松阳县"智慧茶产业"全链条升级的双向协同秩序化发展模式、遂昌县"天工之城"数字治理平台的政策导向与人工智能支撑联动发展模式，以及景宁畲族自治县 AI 赋能生态农业的品牌建设多元发展模式；接着提炼了丽水在人工智能嵌入数字乡村建设中的经验，包括多元主体协同合作、深度应用人工智能技术、强化政策引导与制度保障和聚焦品牌建设与市场拓展；随后剖析了丽水县域数字乡村建设存在的问题与困境，如区域发展失衡、技术浅层应用、创新动力不足、数据安全风险、产业融合困境和结构性矛盾等；最后提出了提升对策，包括构建区域协同机制、深化人工智能技术场景应用、完善人才供给体系、筑牢数据安全防线、重构产业生态和完善对口支援与山海协作机制。这些内容为其他地区提供了宝贵的借鉴，推动了数字乡村建设的高质量发展。

1.3.2　研究方法

(1) 质性分析法

本研究采用直接观测和参与式观测相结合，采访式座谈和非正式座谈相结合的访谈方法，深度了解研究所需的典型案例；并设计有针对性的问卷调查，再抽取其中具有典型代表的主体开展深度访谈，获取县域数字乡村建设的原始资料，将这些原始资料与统计资料相结合，为提炼国内外典型经验提供数据支持。

(2) 比较分析法

本研究选取国外、国内以及浙江山区海岛县、非山区海岛县，国内第一批、第二批国家数字乡村试点县（市、区），比较分析多元情境下人工智能嵌入县域数字乡村建设的路径与模式差异。同时，进行可视化处理，使相关成果得以更加清晰、直观地呈现和表达。

(3) 计量分析法

本研究采用截面数据、面板数据等方法，借助多种计量工具开展研究。通过面板和空间杜宾等模型构建，测度人工智能影响县域数字乡村建设的效应。

(4) 案例分析法

本研究通过选择具有代表性的案例，详细描述其背景、实施过程、取得的成效以及面临的挑战，对国内外人工智能技术嵌入数字乡村建设的实践进行深入剖析，揭示人工智能技术在数字乡村建设中的具体应用路径和成效。进而为理论研究提供实证支持，同时为其他地区提供可借鉴的经验。

1.4 主要创新点

（1）理论创新

本研究采用"精明增长理论—新内生发展理论—产业融合理论"三维理论框架，系统分析人工智能嵌入数字乡村建设的作用机制与影响路径，测度了人工智能技术对数字乡村建设的影响效应；并在理论与实证分析基础上，结合国内外的实践案例进一步考察人工智能赋能数字乡村建设的具体成效。这些理论构建与实证分析对现有研究形成了显著推进。

（2）视角创新

区别于已有研究，本研究沿着"技术嵌入—机制解析—实践验证"的研究路径，提出了"技术—社会—空间"三维分析框架，分别从生产效率提升、治理结构优化和空间格局重塑三个方面全面系统地探讨了人工智能赋能数字乡村建设的综合效应。这种理论建构和机制创新，反映了从技术赋能到社会变革的动态演进逻辑，具有推动实践发展和理论创新的双重贡献。

（3）方法创新

通过综合运用经济学（空间计量模型）、社会学（案例分析、质性研究）和管理学（动态系统分析）等多学科方法，为现有数字乡村研究中以定性分析为主的情况提供了有益补充。同时，引入人工智能技术发展水平的空间溢出效应分析，为数字乡村建设的区域协调发展提供了新的研究视角。

2　文献综述与理论基础

2.1　文献综述

2.1.1　人工智能发展的系统解读

　　尽管理论、观点和方法各异，人工智能一直是国内外学术界和产业界研究的焦点之一（戴奇乐等，2024；彭敏等，2023）。自 20 世纪中叶人工智能概念首次被提出以来，其研究经历了从基础理论探索到应用实践落地的螺旋式发展历程。早期研究主要集中在基础理论和技术方法层面，如神经网络、专家系统、遗传算法等（钟义信，2017；吕伟等，2018）。随着计算能力的提升和大数据的积累，人工智能研究逐步转向数据驱动的应用领域，如机器学习、深度学习、物联网、大数据分析等（徐梦瑶和郑辉，2024；刘灿雷等，2023）。近年来，生成式人工智能的迅猛发展进一步改变了人工智能治理的基础逻辑，推动了人工智能在社会治理、经济领域以及伦理和法律问题上的深入研究（张凌寒和于琳，2023；田野，2024）。

　　从时间序列的角度看，国外关于人工智能的研究伴随技术的不断演进而逐步深化。早期研究聚焦于基础理论和技术架构的构建，如神经网络和专家系统等（韩晔彤，2016）。随后，研究重点转向具体应用和技术方法的优化，如数据挖掘、优化算法、分类和预测等（吴汉东，2017）。近年来，国外研究更加关注算法优化、伦理问题以及人工智能在社会影响层面的探讨，如隐私保护和算法公平性等（马长山，2018；封帅，2018）。相比之下，国内人工智能研究在 21 世纪后迅速崛起，经历了从基础理论探索到前沿技术发展，再到应用实践落地的全过程。2000—2010 年，国内研究主要集中在基础理论的构建，如学习算法和智能化等（蔡自兴，2016）。2011—2020 年，数据驱动的方法和技术成为研究热点，推动了人工智能从理论到实践的转型（程建华和武星，2023）。2021 年至今，国内研究更加注重技术的落地应用，特别是在社会治理、智能制造等领域，同时对人工智能伦理、法律和社会治理等问题的关注度显著提升（张平，2024）。

（1）人工智能的概念内涵

人工智能的概念内涵可以从计算机科学、哲学、社会学、经济学、心理学等多个学科视角进行解析。①计算机科学视角。计算机科学认为人工智能是使机器能够执行通常需要人类智能的任务，如学习、推理、问题解决、感知和语言理解等（McCarthy，1956）。这一领域的研究主要关注如何通过算法和计算模型来实现智能行为。例如，深度学习通过构建多层神经网络来自动提取数据特征，从而在图像识别、语音识别等领域取得突破（LeCun et al.，2015）。强化学习则通过智能体与环境的交互来学习最优行为策略，在游戏、机器人控制等领域展现出巨大潜力（Sutton and Barto，2018）。②哲学视角。哲学领域对人工智能的探讨主要集中在智能的本质、机器意识以及人工智能的伦理道德等方面。图灵提出著名的"图灵测试"，认为如果一台机器能够与人类进行交流而无法被区分出是机器，那么它就具备了智能（Turing，1950）。塞尔的"中文房间"思想实验却质疑强人工智能，认为即使机器能够表现出智能行为，也不一定意味着它真正理解了这些行为（Searle，1980）。此外，哲学家们还关注人工智能发展带来的伦理问题，如机器的道德责任、自主性与责任归属等（Floridi and Taddeo，2016）。③社会学视角。社会学研究人工智能对社会结构、社会关系和人类行为的影响。人工智能技术的应用改变了劳动力市场结构，导致部分传统职业消失的同时创造了新的就业机会，引发就业极化现象（Autor et al.，2013）。在社会关系方面，人工智能驱动的社交媒体和推荐系统影响了人们的信息获取和社交互动模式，可能加剧社会分化和信息茧房效应（Pariser，2011）。此外，人工智能在医疗、教育等领域的应用也对社会公平和资源分配产生了深远影响（Van Noorden，2018）。④经济学视角。经济学关注人工智能对经济增长、生产率、就业和收入分配等方面的影响。人工智能通过提高生产效率、降低生产成本以及创造新的市场需求来促进经济增长（Brynjolfsson and McAfee，2014）。然而，人工智能也可能导致劳动市场的不平等加剧，尤其是对中低技能劳动者的替代效应更为明显（Acemoglu and Restrepo，2017）。此外，人工智能还可能改变企业的组织形式和竞争格局，推动产业升级和转型（Manyika et al.，2017）。⑤心理学视角。心理学研究人工智能对人类认知、情感和行为的影响。人工智能技术如虚拟现实、聊天机器人等为心理学研究提供了新的工具和方法，有助于深入了解人类的认知过程和情感反应（Fox et al.，2019）。同时，人们与人工智能系统的交互也会影响对人类的认知和信任，例如在医疗领域患者对人工智能辅助诊断系统的信任度研究（Lau et al.，2017）。此外，人工智能的发展还引发了人们对自身智能和创造力的重新思考（Sun，2018）。

（2）人工智能发展水平的测度

人工智能发展水平评价是对科技进步和产业创新关键领域的综合考量（洪嵩等，2024）。学者们通常采用构建指标体系的方法测度人工智能发展水平。戴奇乐等（2024）从技术创新、产业应用、人才培养、政策支持等多维度构建了人工智能发展评价体系，为人工智能领域的研究提供了一个全面的参考框架，但该体系在实际应用中对不同地区和行业的适应性仍需进一步验证。有学者聚焦于专利数量和引用情况来衡量人工智能技术创新能力（张龙鹏等，2023；洪嵩等，2024），还有学者将研发投入、企业数量、市场规模等纳入评价指标（戴奇乐等，2024），从技术创新、产业发展、市场环境等多方面出发来构建综合评价指标（朱东云等，2024）。同时，部分学者特别强调了数据源的多样性和分析技术的创新应用。洪嵩（2024）和戴奇乐（2024）利用多源数据，结合文本挖掘、网络分析等方法，提供了动态评估人工智能发展水平的新视角；CiteSpace 等文献分析工具和知识图谱技术也被广泛应用于揭示人工智能领域的研究热点和演进趋势（陈悦等，2015；洪嵩等，2024）。

（3）人工智能的经济效应

人工智能的经济效应研究近年来已成为学术界和政策制定者关注的焦点。本研究从理论分歧、实证矛盾、异质性及作用机制四个维度，系统梳理人工智能对经济发展的复杂影响。

一是人工智能与经济增长的理论分歧。在理论层面，人工智能对经济增长的影响存在显著分歧。宏观视角下，基于新古典增长模型的研究认为，人工智能通过技术进步可突破资本边际递减规律，提升全要素生产率，进而促进经济增长（Hanson，2001；Pretiner，2019）。任务模型进一步指出，人工智能通过自动化替代低效劳动、创造新任务优化资源配置，最终实现资本回报率与生产率的双重提升（Zeira，1998；Acemoglu and Restrepo，2018）。国内学者陈彦斌等（2019）提出，人工智能可通过缓解老龄化对劳动力的冲击，增强经济增长韧性。然而，世代交叠模型（OLG）从微观视角提出相反观点，认为人工智能的劳动力替代效应会抑制工资增长，减少家庭储蓄与消费，最终导致长期经济增速下滑（Sachs et al.，2015；Gasteiger et al.，2020）。总之，前者强调技术外生性对经济的拉动，后者则关注收入分配与代际福利的动态平衡（张龙鹏等，2023），这也反映了宏观与微观分析视角的差异。

二是人工智能对经济影响的实证研究同样呈现复杂图景。学界多数研究表明人工智能对经济增长具有促进作用，例如工业机器人对 17 个国家 GDP 增长的贡献率约为 10%（Graetz and Michaels，2018），中国企业智能化改造显著提升全要素生产率（李磊等，2020；韩民春等，2020），人工智能通过对知识工作者生产率的影响，在未来 20 年内可将总生产率提高 33%（Baily et al.，2023）。然而，"生产率悖论"现象普遍存在。部分研究表明，人工智能对服务业全要素生产率提升有限（申丹虹等，2020），甚至呈现倒 U 形关系（胡思明等，2021）。学界对此提出三大解释：第一，统计偏差。无形资产计量缺失与离岸利润转移导致生产率被低估（Gordon，2014；郭敏等，2018）；第二，技术时滞效应。人工智能作为通用技术需配套技术体系成熟方能释放潜力（Bryn-jolfsson et al.，2017；蔡跃洲等，2019）；第三，过度自动化。技能错配与资源浪费抑制效率提升（Restrepo and Acemoglu，2018；张龙鹏等，2023）。

三是人工智能经济效应的异质性。有学者认为人工智能的经济效应在不同行业和区域呈现显著差异。在行业层面，制造业中重复性高、资本密集的领域受益最显著，典型如运输设备业劳动生产率提升达 15%（Jung-mittag and Pesole，2019），而劳动密集型产业因规模效应不足难以实现效率跃升（孙早等，2021）；服务业中，生产性服务业能够通过流程标准化突破"鲍莫尔成本病"（魏作磊等，2019），而生活性服务业受非标特性制约，人工智能赋能效果有限（王文等，2020）。在区域层面，发达国家虽具备技术优势，但实证显示人工智能对其经济增长贡献微弱（Cette et al.，2021），而发展中国家可通过人工智能改造传统产业实现跨越发展（Kshetri，2020）；我国东部地区因基础设施完善、人才集聚形成显著先发优势，中西部地区受制于产业链薄弱，人工智能的经济效应尚未充分显现（宋旭光等，2019；程承平等，2021）。这种异质性提示政策设计需因地制宜，避免"一刀切"（洪嵩等，2024）。

四是人工智能驱动经济增长的实现路径。学界普遍认为人工智能促进经济发展的路径有生产要素优化，即人工智能通过资本结构升级（林晨等，2020）、人力资本增值（郑江淮等，2021）和技术创新加速（杨光等，2020）重塑生产要素组合。企业层面，人工智能推动技术效率改进与前沿技术创新"双轮驱动"，成为破解"索洛悖论"的关键（陈永伟等，2020；刘亮等，2020）。另外一条路径是产业升级与规模化，即人工智能通过产业融合催生新业态（任保平等，2019），并以规模效应降低边际成本，如工业机器人普及使制造业平均成本下降 12%（韩民春等，2020）；再一条路径就是经济环境改善，即人工智能通过供需精准匹配提升市场效率（程承平等，2021），降低交易成本扩大经济循环半径（胡安俊，2022），同时创造智能消费新增长点（师博，2020；张龙鹏等，2023）。此外，人工智能对经济增长的影响主要还通过提升社会生产率、改变贸易结构来实现。学者们研究发现，人工智能能够通过强化生产过程标准化、降低生产成本、提高组织创新能力、增加研发投入等渠道提升企业生产率，从而促进经济增长（罗良文等，2021）；人工智能还可能对现有贸易结构带来冲击，对不同地区经济发展带来差异化影响，进而改变现有贸易结构，导致具有新要素比较优势的地区经济快速增长，削弱部分资源禀赋优势下降地区的经济发展（Goos et al.，2014）。

（4）人工智能对就业的影响

学界认为人工智能对就业的影响是多方面的。一方面，人工智能技术的应用会提升产业自动化程度，促使"机器换人"，对就业产生直接影响（洪嵩等，2024）。早期研究表明，人工智能在对劳动力产生部分替代的同时也会创造出一部分新的就业岗位，既存在负向的替代效应也会产生正向的创造效应（Acemoglu et al.，2018）。例如，工业机器人对中国制造业中等技能劳动力就产生了显著的替代效应（王永钦等，2020）。另一方面，人工智能对就业结构也会带来显著影响，主要表现为就业极化效应，即技术进步主要会对中等技能劳动力进行替代，呈现出中等技能劳动者比例下降，而高低技能劳动者比例上升的趋势（Autor et al.，2003）。此外，人工智能还可能导致收入差距扩大。原因是巨大的前期投入使得少数企业能够获利巨大，从而扩大收入差距（Korinek et al.，2018）。

（5）人工智能与产业融合的研究

当前，AI 技术已被广泛应用于物流仓储、航天军工、交通、医疗诊断等多个领域，开发了智慧物流、无人农场、智慧养老等多种新应用（张龙鹏等，2023）。这种深度融合不仅提高了行业的生产效率，还催生了新的商业模式和服务形态。如在制造业中，通过 AI 技术的应用，实现了智能制造，大大提升了生产的灵活性和响应速度（杨光等，2023）。另外，人工智能是新一轮科技革命和产业变革的重要驱动力量，对推动经济社会发展和产业升级产生深远影响。人工智能通过与物联网、大数据、云计算等一系列新兴技术的融合，促进新型信息技术产业规模扩大和技术水平提升（徐梦瑶和郑辉，2024）。例如，企业借助人工智能技术对传统业务进行改造升级，助推传统制造业向高端制造业、智能服务业转型（刘灿雷等，2023），推进价值链改造与增值，进而带动区域产业链协同提升，促进地区产业结构升级（张万里和刘婕，2023）。

（6）对人工智能的监管研究

随着人工智能自主能动性的提高，责任问题成为最突出的伦理难题（Verbeek，2011），也带来了诸多监管挑战。各国政府和国际组织纷纷出台相关政策法规，以规范人工智能的发展。欧盟于2024年3月13日通过了《欧盟AI临时法案》，保护个人数据和隐私，并确保人工智能系统的可靠性和透明度（Comunale et al.，2024）；美国则发布了《关于安全、可靠和值得信赖的人工智能行政命令》，强调道德模式的设计和内容，以及事后责任（Comunale et al.，2024）；中国也出台了《生成式人工智能服务管理暂行办法》，直接监管算法及其内容（Comunale et al.，2024）。这些政策措施反映了各国在面对人工智能快速发展时的不同态度和策略选择。另外，由于人工智能的影响具有全球性，需要加强多边合作来应对潜在的风险（Gopinath，2024）。经合组织通过了一套"AI原则"，以促进尊重人权和民主价值观的创新和可信赖的人工智能（Comunale et al.，2024）。该原则得到了全球46个国家的认可，并被纳入多个国家和多国倡议中。此外，《关于负责任地将AI和自主权用于军事用途的政治宣言》获得了51个国家的认可，标志着国际社会在AI监管方面迈出的重要一步（Allen et al.，2017）。

综上所述，人工智能作为一种变革性的技术力量，其对经济的广泛影响不容忽视。无论是经济增长还是就业结构，抑或是产业融合及监管政策，人工智能都在不断地重塑我们的世界。然而，要充分利用人工智能带来的机遇并应对其挑战，还需进一步深入研究，特别是在数据收集、政策制定和技术标准等方面。只有这样，才能确保人工智能的健康发展，为人类社会的进步贡献力量。

2.1.2　数字乡村研究的全景素描

（1）数字乡村的基本内涵

数字乡村作为数字经济时代乡村振兴的重要战略方向，其概念内涵随着政策推进与学术研究的深入而不断丰富。综合现有研究，数字乡村的概念内涵可从以下方面进行阐释。

一是技术驱动角度。数字乡村的本质是以新一代信息技术为核心驱动力，重构农业生产方式和乡村治理体系。《数字乡村发展战略纲要》明确指出，数字乡村是伴随网络化、信息化和数字化在农业农村的应用，通过提升农民现代信息技术能力，推动农业农村现代化内生发展的转型进程（中共中央办公厅、国务院办公厅，2019）。尤亮等（2023）进一步强调，数字技术通过赋能农业生产要素配置和生产关系革新，实现农业精准作业、智慧管理和全产业链数字化，从而释放乡村经济活力。例如，物联网技术可实现农作物生长环境的实时监测，人工智能辅助决策优化资源配置（夏显力等，2019），区块链技术则可提升农产品溯源可信度（郭顺义和杨子真，2021）。因此，该角度下，数字乡村的内涵不仅涉及技术工具的引入，更强调技术对传统农业形态的系统性改造（王胜等，2021）。

二是农民主体性角度。数字乡村建设需以农民为中心，强化其主体地位与数字能力。武嘉瑄等（2023）指出，数字技术若仅作为外部"移植"工具，易导致"数字形式主义"和"技术悬浮"，因此必须通过教育培训提升农民数字素养，使其成为数字化转型的参与者而非被动接受者。苏岚岚等（2021）的实证研究表明，农民数字素养与其收入水平呈显著正相关，掌握数字技能的农户更易融入电商、直播等新业态。此外，需关注老年人和低文化水平者等数字弱势群体，通过适老化改造、社区互助等方式弥合"数字鸿沟"（杨焕成和梁远武，2021）。因此，该角度下，数字乡村体现了以人为本的理念，展示了数字乡村从"技术赋能"向"主体赋能"的深化（丁波，2022）。

三是在地性角度。也有学者认为数字乡村的概念内涵需植根在地性理论框架进行解析。费孝通（2016）揭示的乡土社会地方性特征表明，乡村空间本质上是以地缘关系为核心构成的多维社会生态系统。数字技术介入乡村场域时，并非单纯通过信息化手段消弭地理阻隔（郑永兰和周其鑫，2022），而是经历着双重空间重构。一方面，数字基础设施的嵌入促使传统乡村突破静态物理边界的桎梏，形成虚实交织的动态社会关系网络（吴越菲，2022）；另一方面，技术系统必须适应地方性知识体系，在"空间化—地方化"双向运动中实现数字逻辑与乡土逻辑的有机互嵌（Leszc-zynski，2015）。从乡村性维度考察，Woods（2010）强调其作为乡村空间识别的核心指标，既包含物质环境的独特性，也涵盖社会文化的地方实践智慧。数字乡村建设本质上是对乡村性要素的数字化转译过程，因而需正视李红波和张小林（2015）指出的乡村发展要素非整合性特征，避免将数字系统简单嫁接于异质化乡村基底；另外，应遵循沈费伟和陈晓玲（2021）提出的价值共生原则，使数字技术成为激活传统生态智慧、强化地方身份认同的触媒。在该角度下，数字乡村的内涵不仅包括对乡村社会简单的技术叠加和应用，更是信息技术与当地乡村环境相互交融形成的良性循环系统。

四是多维度融合角度。数字乡村涵盖生产、生活、生态等多领域的数字化转型，构成复杂的系统工程。在生产维度，数字技术推动农业产业融合与价值链延伸，如农村电商打破地域限制，促进产销对接（李芳等，2022）；在生活维度，数字化公共服务平台实现"数据多跑腿、农民少跑路"，提升乡村治理效能（方莹等，2019）；在生态维度，智慧监测系统助力环境治理精细化，平衡经济发展与生态保护（张荣博和钟昌标，2022）。沈贵伟等（2021）提出，数字乡村是"技术—制度—社会"协同演化的结果，其核心在于通过数字治理、数字服务和数字产业模式的创新，构建全域联动的数字化生态。因此，该角度下，数字乡村建设要求顶层设计与基层实践相结合，避免技术应用的碎片化（吕普生，2020）。

总之，数字乡村建设并非静态结果，而是动态调整的过程。早期研究聚焦基础设施普及，近年来则转向数据要素市场化、数字生态构建等深层议题（曾亿武等，2021）。同时，数字乡村具有鲜明的本土化特征。与国外研究侧重"数字鸿沟"治理不同，中国数字乡村更强调乡村振兴目标导向，注重数字技术与小农经济、乡土文化的适应性融合（Hoque and Sorwar，2015；尤亮等，2023）。

（2）数字乡村建设的测度

目前学界对数字乡村建设水平的定量测度主要采用两种方法。

第一种方法是基于统计年鉴、Wind 数据库以及权威机构发布的研究报告等渠道获取统计数据，构建数字乡村建设水平评价指标体系，并通过熵值法等方法计算指标权重，最终合成指数（Mei 等，2022；金绍荣等，2022；朱红根等，2023；雷泽奎等，2023；王中伟等，2023；Liu 等，2023）。然而，这种方法仅能停留在省级层面的测度，无法深入到地级市或县域层面。尽管地级市和县域层面能够提供更细致的空间尺度，但数据的可获取性受到较大限制，因此该方法主要反映的是宏观层面的数字乡村建设情况，难以捕捉省域内部的差异。此外，在实施过程中，学者们面临指标健全度与指标准确度的两难困境：为了全面刻画数字乡村建设的内涵，有时不得不选用不够准确的代理变量；而为了确保指标的准确性，又不得不缩减对数字乡村建设内容维度的覆盖面。

第二种方法是借鉴北京大学与阿里巴巴联合开发的县域数字乡村指数（赵佳佳等，2022；丁建军等，2023；杜建军等，2023；邓金钱等，2023；张雷等，2023）。该指数以县域为单位，从乡村数字基础设施、经济数字化、治理数字化和生活数字化四个方面入手，同时兼顾生产者和消费者视角，选取具体的表征指标。作为目前最具影响力的数据，该指数为测度数字乡村建设水平提供了重要参考。

（3）数字乡村建设面临困境

数字乡村建设作为推动乡村振兴的重要手段，在取得显著成就的同时，也面临着一系列的问题与困境。学界对此也展开了系列研究。

一是数字基础设施建设薄弱。学者们普遍认为数字基础设施建设是制约数字乡村发展的关键因素之一。尽管我国乡村数字基础设施建设已经取得了重要进展，但发展不平衡不充分的问题仍然较为突出（武嘉瑄等，2023）。许多偏远地区的乡村宽带网络、智慧物流、农村冷链物流等基础设施数字化程度较低，难以满足当地居民日益增长的信息需求。资金短缺、设施建设成本高昂且长期难以回收、投资融资渠道单一等因素都严重制约了乡村数字基础设施建设效率（张蕴萍和栾菁，2019）。

二是多元治理主体数字素养有待提升。部分学者认为多元治理主体的数字素养问题也是一个亟待解决的难题。随着乡村劳动力的外流，乡村空心化趋势愈发严重，留守儿童和孤寡老人占据了村庄人口的主要部分，其参与公共事务的积极性较低（胡卫卫等，2021）。此外，新兴技术本身具有一定的门槛，社会对新技术的了解和使用并不完全，导致村庄老年人和外出务工者难免因技术排斥而游离在数字乡村建设体系之外，在村庄实际运转过程中发挥的作用有限（沈费伟和陈晓玲，2021）。因此，如何提高农民的数字化素养，成为当前数字乡村建设中的一个重要课题。

三是城乡数字鸿沟难以弥合。有学者认为城乡发展不平衡的现象自古以来就一直存在，在数字经济时代，由于城乡基础设施、产业形态、公共服务等方面的差距，城乡之间的差距表现为数字鸿沟的形式，并有进一步扩大的趋势（张家平和李建军，2020）。数字鸿沟在农村和城镇居民之间形成了一种在获取和使用信息资源上的机会与能力的不平等状态，从而导致农村地区出现了数字贫困现象（吕普生，2021）。如何有效打通乡村"信息技术'最后一公里'"，使城乡居民平等、充分享有信息技术红利，直接关系到城乡融合发展和乡村振兴的成效（张邦启，2018）。

四是技术赋能与管理负担并存。学者们认为尽管数字技术为乡村治理提供了新的动能，但也带来了新的管理和操作负担。数字治理并未实现对传统管理模式的全方位超越，反而增加了基层政府的工作量和压力（保海旭、陶荣根和张晓卉，2022）。多地的基层乡镇政权数字化建设只是流于表面形式，以此来应对上级的政绩考核，对于实际决策起不到任何参考作用（赵早，2020）。有些地方政府为了追求"数字化"和"现代化"进程，盲目推进基础设施建设和乡村拆迁工作，破坏了村庄原有的历史文化积淀

（丁波，2022）。同时，数字治理在乡村社会的应用也产生了一些意外后果，如出现信息泄露、隐私保护等问题，这给数字乡村治理的推进带来了挑战（赵晓峰和刘海颖，2022）。

（4）数字乡村建设的路径探析

数字乡村建设是一个系统工程，涉及基础设施建设、人才培养、产业升级、治理创新等多个方面。学界关于数字乡村建设的路径探析主要集中在以下方面。

一是加强数字乡村基础设施建设，弥合城乡"数字鸿沟"。数字基础设施是数字乡村建设的物质基础。当前城乡数字鸿沟的根源之一在于农村地区网络覆盖率低、物流体系不完善。冯朝睿等（2021）指出，需依托"宽带中国"战略加快乡村 5G 网络建设，推动物联网与农业生产的深度融合，构建"互联网＋N"公共服务平台，缩小城乡信息获取差距。张鸿等（2020）强调，应重点完善农村互联网宽带接入端口和通信基站，并打造覆盖"村—镇—县"的物流网络，促进农产品流通效率提升。

二是完善数字乡村顶层设计，促进农村数字化转型。学者们认为应该建立规范的运行体系，要对数字乡村建设进行有针对性的指导并设计具体可操作的方案，建立农业农村数据资源体系，保障数字乡村建设的规范化运行；也可以建立专家对口支援乡村机制，持续为乡村的数字化发展增添专业技术支持（王胜等，2021；杨嵘均和操远芤，2021）。

三是推动一二三产业融合发展。学者们认为推动一二三产业融合发展是数字乡村建设的重要方向。数字技术的应用不仅可以促进传统农业向现代农业转型，还能催生新业态新模式，如农村电商、乡村旅游等（王林宇和朱炳元，2023）。例如，通过大数据分析市场需求，精准对接农户与消费者，实现农产品的优质优价销售；利用物联网技术实现对农作物生长环境的实时监测与调控，提高生产效率和产品质量（涂胜伟，2024）。此外，还可以结合当地特色资源开发文化创意产品，推动文化产业与农业、旅游业深度融合，打造具有地方特色的乡村品牌（肖若晨，2019）。

四是强化数字治理体系创新。在治理层面，应充分利用现代信息技术构建智能化、便捷化的乡村治理体系，实现基层政务、公共服务等方面的数字化转型（赵早，2020）。具体而言，可以通过建立"互联网＋政务服务"平台，简化办事流程，提高行政效率；利用大数据分析预测社会风险，及时采取应对措施，保障社会稳定和谐（刘俊祥和曾森，2020）。同时，注重保护乡村历史文化资源，在推动现代化进程中保留乡村特色风貌（沈费伟和叶温馨，2021）。

五是重视生态保护与可持续发展。数字乡村不仅要追求经济增长，还要注重生态环境保护，实现人与自然和谐共生（丁波，2022）。在推进数字乡村建设过程中，应加强对自然资源的有效管理，推广绿色低碳技术，减少污染排放，保护生物多样性。此外，还应倡导绿色消费理念，引导村民形成节约资源、爱护环境的良好习惯（蓝红星和畅倩，2024）。

（5）数字乡村建设的绿色化研究

在乡村振兴战略全面推进的过程中，绿色发展理念占据着举足轻重的地位。在当前的形势下，我国的农村区域正面临着数字化转型所带来的重大历史契机，充分挖掘和释放乡村地区的"绿色红利"，已然成为推动乡村振兴进程的关键切入点。就数字化建设对生态环境所产生的影响而言，相关研究可归纳为增长效应与抑制效应两大类别（张荣博和钟昌标，2023）。沈费伟和叶温馨（2021）提出，数字化建设能够有效破解乡村发展进程中面临的环境破坏难题，促使乡村环境朝着绿色化、低碳化的方向转变。以通信技术为代表的技术水平的提升，能够降低企业对实体场地的依赖程度（张三峰和魏下海，2019），有利于企业开展资源整合活动，提高产品生产效率，削减资源浪费现象以及解决环境污染问题（许宪春等，2019），从而优化生态环境的治理架构。互联网覆盖率的逐步提高，可以显著降低特定区域的空气污染程度，提升能源利用效率（Ozcan and Apergis，2018）。与此同时，互联网的广泛普及，能够实现生态环境监管的精准化与智能化（Granell et al.，2016），构建起全方位、多维度的生态环境全要素综合体系（韩晶和陈曦，2022），进而达成物质文明与生态文明的协同共进、互促共赢。然而，与之相对立的观点认为，数字化建设对生态环境具有抑制效应。王子敏和李婵娟（2016）的研究发现，在利润最大化目标的驱动下，尽管互联网总体上能够降低人均能耗，但其自身发展过程中，相关设施性能的优化与改进往往需要耗费大量资源，由此增强了对能源的掠夺效应。李广昊和周小亮（2021）指出，数字经济建设对环境污染改善的作用呈现出非对称性的特征，其对环境污染治理的效用主要体现在城市规模较大、创新能力较强的大型城市中。结合我国的现实国情，李晓华（2019）认为，鉴于我国当前数字经济的发展水平相对较低，基础设施以及软环境方面尚存在较大的提升空间，数字化建设在生产领域难以有效提高能源效率，在短期内或许对我国经济的绿色化发展有所助益，但从长期来看，却可能会加剧能源消耗，引发能源的回弹效应（樊轶侠和徐昊，2021）。

（6）数字乡村的治理研究

随着第四次工业革命的纵深推进，人工智能、大数据、云计算等新一代数字技术深刻重塑了社会生产力的发展格局，推动数字经济成为全球经济增长的核心驱动力。在此背景下，治理理论与数字经济的深度融合催生了数字治理理论，这一理论不仅革新了传统公共管理的范式（徐旭初等，2022），也为乡村治理的现代化转型提供了新的方法论支撑。然而，在城市化与工业化的双重冲击下，农村人口空心化、村民参与不足、村级组织行政化等问题日益凸显，传统乡村治理模式逐渐难以适应复杂的社会需求。数字技术的引入为解决这些困境提供了突破口，即通过结合地方治理情景，乡村数字化治理不仅突破了传统治理系统的单向性与封闭性局限，还通过技术赋能消解了信息传播的时空壁垒（胡卫卫和申文静，2022），为乡村振兴与共同富裕目标的实现注入了新的动能。

从理论维度看，数字技术被视为乡村治理变革的媒介与契机，其核心在于通过技术嵌入重构乡村社会的组织形态与治理逻辑。韩瑞波（2021）指出，数字技术的应用不仅是乡村社会治理的创新实践，更是对传统治理模式的拓展与升级。具体而言，技术赋能的路径体现在多个层面。一是数字技术通过重构分散化的乡村社会结构（郑永兰和周其鑫，2022），推动村民与基层组织关系的重塑，例如通过村务信息公开平台增强透明性（丁波，2022），从而提升村民对公共事务的参与意愿；二是技术手段的智能化与数字化能够优化政府的组织服务能力，例如通过信息化平台整合公共服务资源，强化供给效率（方塑等，2019）；三是数字技术还为政策设计的科学化与治理体系的规范化提供了支持，例如借助大数据分析精准识别治理需求（夏显力等，2019）。进而强化了村民在集体事务中的话语权，还通过跨时空的多元主体协同显著提升了治理效能。

尽管如此，在乡村治理数字化转型过程中也面临着一些现实挑战。首先，部分地区的治理主体对数字技术的应用存在认知偏差，过度依赖技术工具与量化考核指标，导致治理目标异化为"为数字化而数字化"的形式主义陷阱（刘曦绯和高笑歌，2021）。这种片面追求技术表象的倾向，使得治理活动偏离了服务村民的核心价值，反而加剧了权力失范与绩效内卷的风险。其次，数字基础设施的薄弱与建设滞后成为提升治理效能的关键瓶颈。江维国等（2021）指出，部分乡村地区在电力、网络、数据平台等硬件条件上存在明显短板，而佟林杰、张文雅（2021）进一步强调，数字建设存在欠账问题导致技术应用与治理需求严重脱节。此外，农民主体地位的边缘化也加剧了技术赋权的异化风险。周梦冉（2022）分析认为，若忽视农民在数字化进程中的参与权与决策权，技术赋能可能异化为单向度的"技术控制"，反而会削弱乡村治理的合法性基础，数字乡村治理实践中更容易出现"数字形式主义"的陷阱。

面向未来，数字乡村治理不应仅仅是数字技术与乡村社会的简单叠加，而是要实现数字治理理念与乡村治理理念的有机结合，构建一个改善村民生活形态的交互群治管理体系。这一体系应以治理精准化、参与民主化、服务高效化和决策科学化为目标，以促进更高水平的乡村善治和现代化转型（赵早，2020；方塑等，2019）。为了缩小城乡间的数字鸿沟并实现公共服务均等化，需要建立共建共治共享的数字乡村公共服务体系，整合分散、碎片化的公共服务资源，从而降低乡村治理成本，提高治理效能。

2.1.3 人工智能对数字乡村的影响研究

尽管目前针对人工智能与数字乡村建设的直接研究尚较少见，但已有学者在数字技术于城乡建设及农村社区的应用领域展开了深入探讨（Lv and Xie，2022；Yue and Li，2022；Panos et al.，2022）。有学者揭示了数字孪生技术、建筑信息模型与人工智能的融合如何显著提升了建设项目的效率与质量，加速了建筑行业的数字化转型，并探讨了如何在农村环境中开发适应性强的人工智能应用，以及人工智能在个性化教育中的创新实践（Aditi，2022）。

鉴于农业在人类社会发展中的基石地位，一些学者将目光投向了数字技术在农业领域的广泛应用。数字化技术作为人工智能发展的重要基石，为农业农村现代化提供了强大的技术支持，也为全球农业的繁荣注入了强劲动力（Asaf et al.，2022）。农业自动化被视为未来农业发展的必然趋势（Rozhkova et al.，2022），精准农业作为现代农业的一次深刻变革，已成为引领行业发展的新范式（Adebunmi et al.，2022），人机交互和信息通信技术则进一步推动了数字农业管理的精细化与智能化（Tawseef et al.，2022）。与此同时，隐私保护与数据安全的挑战依然严峻，成为亟待解决的关键问题（Mosiur et al.，2024）。

另外，人工智能与数字化的紧密结合还涵盖了乡村治理（吕新业等，2024）、经济与社会效应（温涛和陈一明，2020）、城乡差异（周慧珺和邹文博，2023）等维度。这些研究强调了大数据、云计算、人工智能等前沿技术在驱动农村经济持续增长与结构优化转型中的关键作用（曾亿武等，2021），并强调了数字平台对乡村发展、提升治理效能与减轻环境负担的价值（苏岚岚和彭艳玲，2021；王泗通和闫春华，2023）。还有研究剖析了数字乡村建设对农村经济结构及社会发展的具体影响（张勋等，2021；王廷勇等，2021；雷泽奎等，2023），并探讨了其在缩小城乡差距、推动城乡一体化发展中的角色（谢璐和韩文龙，2022）。这些研究成果不仅为数字乡村建设的实践提供了宝贵的理论指导，也为未来人工智能与数字乡村深度融合的发展路径提供了有益的探索与启示。

2.1.4 文献评述

综上所述，现有研究为人工智能赋能数字乡村建设提供了多维度的理论支撑与实践启示，揭示了技术革新与乡村转型的互动逻辑。一方面，学者们系统梳理了人工智能在农业生产、乡村治理、产业融合等领域的应用潜力，强调了其对提升生产效率、优化资源配置、重构治理体系的核心价值；另一方面，数字乡村研究从技术驱动、农民主体性、在地性等视角展开，剖析了基础设施、数字鸿沟、治理效能等关键问题，为人工智能的适应性融合提供了理论框架。此外，部分学者关注到人工智能与数字技术的协同效应，探讨了其在精准农业、智慧物流等场景中的创新实践，为人工智能技术在数字乡村场域落地提供了路径参考。

然而，现有研究仍存在显著局限，亟待进一步深化。第一，研究层次失衡。现有成果多聚焦宏观层面的技术赋能逻辑与政策导向，而对县域、村落等微观主体的差异化需求与实践困境关注不足。尤其在欠发达地区，针对人工智能如何适配小农经济、乡土文化等在地性特征，尚未形成系统性分析。第二，作用机制模糊。多数研究倾向于单向论证人工智能对数字乡村的促进作用，但对"技术—社会"双向互动的复杂机制缺乏深入探讨。尤其人工智能如何通过重构生产要素、重塑治理关系等路径实现乡村内生发展，其动态演化过程与长期效应仍不明晰。第三，动态视角缺失。现有分析多采用静态或线性框架，忽视技术迭代、政策调整与乡村社会变迁的协同演化特征。数字乡村建设作为持续调试的过程，短期技术悬浮与长期生态构建等阶段性矛盾尚未得到充分解释。第四，本土化创新不足。国内研究虽强调乡村振兴目标导向，但对人工智能与中国特色乡村场景的适配性研究仍显薄弱，部分结论直接移植国外经验，忽视制度环境与文化差异的制约。

鉴于此，本研究拟突破"技术决定论"的单一叙事，立足中国县域乡村的复杂现实，重点探讨人工智能在县域数字乡村建设中的差异化嵌入路径，解析其如何通过技术适配、主体赋能与制度创新破解"不平衡、不充分"发展难题。同时，本研究将动态追踪人工智能与乡村社会的互动过程，揭示技术赋能与治理负荷、效率提升与伦理风险等矛盾的演化规律，以期为数字乡村的高质量发展提供更具解释力与操作性的理论支撑。

2.2 理论基础

2.2.1 精明增长理论

精明增长理论起源于美国，是为应对城市无序蔓延、低密度扩张及资源浪费等问题而提出的。其核心理念在于通过合理规划与管理，实现城市紧凑、高效且可持续发展，主要体现在空间规划、资源利用、生态保护与社区建设等方面。米切尔对精明增长的讨论超越了传统的对土地利用和交通的讨论。他对新数字电讯传媒基础设施和它带来的重新审视世界的机会和挑战之间的关系进行了研究，并且描述了空间和时间纽带的日渐松懈。米切尔的建议是，信息和商品的理性分布系统应"迫使城市规划者们重新思考土地利用、土地价值和服务网络建设的关系"，并且使规划者们从复杂、动态的人类行为角度思考这些问题。为了政府的管理更加有效，需要摒弃以往的土地利用规划和设计制度，摈弃以往的惯例。

精明增长的终极目标可以概括为三个"协调发展"：第一，社会上各收入阶层民众的生存、生活权利得到充分尊重，在形成合理社会结构的基础上促进各社会阶层协调发展。第二，通过跨区域统筹规划，实现资源合理开发和基础设施的有效利用，促进城市经济、社会生活和生态环境协调发展。第三，新城开发与旧城改造并举，将人力、财力、物力等资源重新整合，促进城市区域及外围区域的协调发展。乡村精明增长是在创新、知识和学习等政策的支持下，通过广泛、多层次治理活动，实现乡村可持续发展的过程（Vanthillo et al.，2012；McCann et al.，2015）。乡村精明增长理论主张生态优先，提倡乡村发展应当在保证生态均衡的前提下实现经济增长的最大化，并依据实际条件合理规划和调配经济发展的结构和规模，进而实现经济发展与生态保护的有机统一。

精明增长逐渐由城市范围扩展到乡村领域，虽然两者出发点相似，但在具体内涵上仍有很大差异：从产生背景和增长目标看，城市精明增长侧重于解决城镇化快速发展带来的空间无序扩张及环境污染、交通拥挤、住房紧张等一系列"城市病"，乡村精明增长则强调解决农村空心化、土地快速非农化以及土地利用结构的混乱无序等问题；从增长模式来看，城市精明增长主要通过自上而下的规划管控来提高土地的利用效率，控制建设用地的无序蔓延，乡村精明增长则需要自上而下和自下而上相结合的方式来实施，这不仅需要政府层面的宏观规划管控和政策引导，更需要加强对村民积极性的调动，提高村民的参与度。

运用精明增长理论指导数字乡村建设，是将精明增长理念作为理论工具，将精明增长价值导向与规划技术同数字乡村发展实践紧密结合，重塑数字乡村建设的价值体系、政策布局、要素整合、公众参与等各项内容。在人工智能与数字乡村关系的研究中，可将精明增长理论融入数字乡村建设的各个环节，构建数字乡村精明增长模式。具体而言，利用人工智能技术优化乡村空间规划，精准分析乡村地理信息与资源分布，合理布局生产、生活与生态空间，避免无序扩张。借助人工智能提升资源利用效率，实现智能灌溉、精准施肥与疾病预测，减少资源浪费与环境污染。同时，利用人工智能技术加强生态保护，实时监测乡村生态环境，及时处理环境问题，并通过智能分析与预测，为生态保护决策提供科学依据。此外，可以利用人工智能促进乡村社会公平与和谐发展。在数字乡村治理中，利用人工智能实现智能化管理，通过智能安防系统与政务管理系统，提升乡村治安与政务效率，推动治理现代化。在经济发展方面，借助人工智能提升农业生产效率，开发新的商业模式和服务，增加农民收入，提高生活质量。最后，注重社会公平，确保所有村民都能从数字化转型中受益，特别是要关注弱势群体的需求，提供平等的发展机会。

2.2.2 新内生发展理论

在人类社会经济发展的进程中，技术的革新始终扮演着推动社会进步的重要角色。当前，人工智能技术的飞速发展正引领着一场前所未有的数字化浪潮，其广度和深度对乡村地区的发展产生了深远影响。在此背景下，数字乡村建设已成为推动乡村振兴、实现农业现代化及农村可持续发展的重要路径。新内生发展理论深刻指出，乡村的繁荣不应仅仅依赖外部资源的"输血"，而应更加注重激活本土资源的"造血"功能，以此激发乡村自我发展的内在潜能。在这一理论框架下，乡村居民与企业被置于发展的核心地位，通过内生创新与外部合作的深度融合，携手推进乡村经济社会的全面可持续发展。

新内生发展理论（New Endogenous Development Theory）是在传统内生发展和外生发展模式面临困境的背景下提出的。传统的内生发展模式强调乡村地方主体的自主发展，而外生发展模式则侧重于外部力量的干预和推动。然而，这两种模式在实践中都存在一定的局限性，无法单独解决乡村发展的综合性问题。因此，学者们提出了新内生发展模式，试图通过内外部力量的协同作用，实现乡村的可持续发展。新内生发展理论强调的是一个地区的发展应当主要依靠自身的资源、能力和创新，而不是单纯依赖外部的援助或投资。这种理论认为，每个地方都有其独特的自然条件、文化传统和社会资源，这些内部因素可以成为推动地方发展的关键动力。其主要内涵包括：①主体协同，即强调乡村地方主体与超地方主体的协同作用。地方主体包括社区居民、本土企业等，他们是乡村发展的基础力量；超地方主体则包括国家/政府、外来企业家、非政府组织等，他们能够为乡村发展带来外部资源和支持。②资源互动，即注重地方资源与外部资源的互动。一方面，通过增权赋能等手段，充分挖掘和利用地方资源的内生潜力；另一方面，适度依赖外部力量的嵌入，实现地方资源与外部资源的匹配和整合。③文化认同，即将增强乡村地域文化的认同感和归属感作为吸引乡村地方主体回归的牵引力，通过增强文化自信与文化自觉，积极构建文化认同来发展文化经济，从而实现乡村经济复兴。④社会创新，即鼓励社会创新，通过制度变革和治理议程的改变，促进乡村主体之间的协商与合作，推动乡村社区的发展。

在数字乡村建设的实践中，新内生发展理论为人工智能技术的应用提供了坚实的理论基础。人工智能技术的引入，为数字乡村建设注入了强大的技术支持，其通过对乡村地区的农业资源、文化遗产等潜在优势的深度挖掘，成功将其转化为经济发展的新引擎。这一转化不仅显著提升了生产效率，还极大地激发了乡村发展的内在活力，促进了农民与农村企业的积极参与，为乡村地区的可持续发展奠定了坚实基础（沈费伟和叶温馨，2021）。此外，人工智能技术的发展促进了数字农业、农村电商等新兴业态的蓬勃发展，不仅能够壮大乡村的经济体量，也增强了乡村自主发展能力。这些新兴产业的兴起带动了农村服务业的繁荣，如民宿、农家乐、乡村旅游等，为乡村地区开辟了新的经济增长点，创造了丰富的就业机会（曾亿武等，2021）。农民等多元主体通过参与新兴产业，不仅获得了稳定的工资性收入，还通过土地流转、股权分红等多元化渠道增加了财产性收入。

在资源互动层面，人工智能技术的应用极大提升了精准性和效率。借助大数据分析和智能算法，政府部门能够对乡村的土地、劳动力、资本等关键资源进行全面精准的评估，并根据实际需求进行科学配置，有效避免了资源的闲置和低效利用（李本庆等，2022）。区块链技术的融入实现了农村资产的数字化管理和交易，推动了农村产权制度的革新与完善；智能平台的搭建则打通了政府、企业及农民之间的信息壁垒，实现了供需双方的精准匹配和高效协同，为乡村的经济社会发展注入了强劲动力（张晖等，2024）。因此，人工智能技术的发展为政府、企业、社会组织及农民等多元主体之间的资源高效整合开辟了新路径。人工智能技术的发展还加速了数字乡村产业的转型升级，并在乡村治理和生态环境保护方面发挥了重要作用（苏岚岚等，2021）。在农业生产领域，智能农业技术的广泛应用显著提升了农业生产的智能化水平，通过无人机监测、大数据分析等先进技术，农业生产模式实现了颠覆性变革。同时，人工智能技术还能够对乡村的生态环境进行实时、精准地监测与评估，及时发现并解决环境问题，助力农业生产向绿色化、可持续化转型，从而有效促进了乡村地区经济的良性循环与可持续发展。

2.2.3 产业融合理论

随着信息技术的迅猛发展，特别是互联网、大数据、云计算及人工智能等技术的应用，传统产业边界变得越来越模糊，产业间的融合成为一种趋势。产业融合理论探讨的是不同产业之间的相互渗透与融合过程，以及这种融合如何催生新的业态、提升经济效益和促进社会进步。其核心观点是：①现代信息技术的发展是推动产业融合的主要动力。通过数字化手段，不同行业能够更便捷地共享信息、资源和技术，从而实现业务流程的优化和创新。②产业融合改变了传统价值链结构，促进了上下游企业间的合作，并催生了跨行业的新型商业模式和服务模式。这不仅提高了效率，还创造了更多附加值。③产业融合使得企业能够更好地满足消费者的多样化需求，通过提供个性化的产品和服务来扩大市场份额。④为了促进产业融合，政府通常会出台相关政策和支持措施，同时需要对原有的法律法规进行适当调整，以适应新的商业环境。

在数字乡村建设背景下，产业融合理论同样具有重要意义。例如，农业与信息技术的深度融合可以促进智慧农业的发展；农村电商的兴起则打通了农产品销售的新渠道；文化旅游业与数字技术结合，为乡村旅游带来了全新的体验方式。这些产业融合不仅有助于提升农业生产效率、增加农民收入，还能有效激活农村地区的经济活力和社会文化氛围。最为重要的是，人工智能技术的快速发展，以其独特的纽带作用，将不同产业紧密联结在一起，打破了传统产业间的壁垒。物联网技术作为人工智能的重要应用之一，构建了覆盖农业生产、加工、销售等全链条的信息网络，实现了信息的即时共享与高效协同。不仅大幅提升了产业运行效率，更激发了显著的乘数效应（谢谦和郭杨，2022），使得农业生产趋向精准化、加工流程迈向高效化、销售渠道变得更为畅通无阻，全方位强化了乡村产业的综合竞争优势。然而，产业间的和谐共生与协同发展并非一蹴而就，它根植于技术创新的基础之上，更需激发产业内部的创新潜能，引领产业结构向更优形态跃升。在人工智能技术的推动下，产业内部的创新活力才能得到充分激发。人工智能算法通过深入挖掘数据价值，综合考量农村产业的资源基础、技术水平及市场前景，利用深度学习和数据分析技术，为产业融合提供了科学的决策依据、精准的战略定位与清晰的规划路径。不同产业间的协同创新是推动农村产业转型升级的关键（李万利等，2022）。人工智能如同一座桥梁，连接起科研机构、企业与农户等多元主体，促进了跨学科合作与技术交流的深化，共同探索如智能病虫害防治、农产品加工技术创新等前沿领域，加速了产业的转型升级与高质量发展。

2.2.4　技术创新扩散理论

技术创新扩散理论（Diffusion of Innovations Theory）是埃弗里特·罗杰斯（Everett M. Rogers）在其 1962 年的著作《创新的扩散》中提出的。该理论主要探讨了新技术或新观念如何在社会系统内传播，以及影响其接受速度的各种因素。根据这一理论，技术扩散过程通常经历以下五个阶段：知识（Awareness）、说服（Persuasion）、决策（Decision）、实施（Implementation）和确认（Confirmation）。同时，罗杰斯也指出了影响个人或组织接受新技术的因素，包括相对优势、兼容性、复杂度、可试验性和可见结果等。

首先，在研究人工智能和数字乡村的关系时，技术创新扩散理论能帮助我们理解人工智能技术是如何被乡村社会接受、整合和转化的。在数字乡村建设场景下，人工智能技术的推广需充分考虑乡村社会的特性。例如，人工智能技术应具备相对优势，能在提升生产效率的同时，与乡村传统生产方式兼容；降低技术复杂性，通过简化操作流程，让农民易于上手；增强可试性和可观察性，提供试点机会并展示实际效果，从而提高农民对人工智能技术的接受度。

其次，传播渠道方面，要结合乡村社会的熟人网络特征，充分发挥人际传播的作用，同时利用数字工具拓展传播范围。在乡村社会，人际关系紧密，人际传播往往比大众媒体更有效。在推广人工智能技术时，我们可以找到并利用，比如农业合作社的负责人、返乡创业的青年等关键人物，通过他们的实践和示范来带动其他人。此外，数字乡村的线上线下融合特性也为我们提供了多种传播渠道。一方面，短视频平台、微信群等数字化工具可以快速传播人工智能应用案例；另一方面，田间培训、集市宣讲等线下活动可以加深人们对技术的理解。这种线上线下结合的传播方式，既能突破地理限制，又能保持乡村社会特有的信任关系。

再次，乡村居民对新技术的接受通常分为三个阶段：早期试验者、多数跟随者和保守滞后者。针对这一规律，人工智能技术在乡村的推广可以采取不同的策略。初期，要重点培养"创新采纳者"，为他们提供技术支持和风险补偿；中期，通过社区传播推动"早期多数"群体跟进，建立技术互助小组；后期，则需要通过政策激励或公共服务覆盖来推动"滞后者"适应新技术，比如将人工智能培训纳入乡村教育体系，或者通过政府补贴降低技术使用成本。在整个过程中，需要防止技术资源过度集中在少数精英群体手中，从而加剧乡村内部的不平等。

最后，乡村社会有着独特的价值观、权力结构和制度惯性，人工智能技术的引入可能会与传统的社会秩序产生冲突。例如，人工智能政务平台虽然能提高治理效率，但如果忽视乡村"人情治理"的潜规则，可能会导致形式主义；智能农机的推广如果忽略了小农经济的实际情况，可能会遭到抵制。因此，人工智能技术的推广需要与乡村社会的制度改造相结合。一方面，通过参与式设计，将本土知识融入技术中；另一方面，推动建立数据产权共享机制等配套制度的创新，使技术变革与乡村的社会资源和治理模式协同进化。

3　人工智能影响数字乡村建设的理论逻辑与实证检验 //////////////////////////////

　　乡村兴则国家兴。乡村振兴是推进中国式现代化进程的关键着力点，是扎实推进全体人民共同富裕的重要举措。从党的十九大报告提出"实施乡村振兴战略"，到党的二十大报告强调"全面推进乡村振兴"，中国式现代化的"三农"道路在新时代新征程发生了重大转变，对增强乡村发展的自主性和能力提出了更高要求。以习近平同志为核心的党中央聚焦乡村振兴，针对乡村面临的诸多困境，提出以数字技术引领乡村发展的重大战略决策，为乡村全面振兴打开了新的突破口。

　　作为网络强国、数字中国和乡村振兴战略的交汇点，数字乡村发展得到了国家层面的高度重视（图 3-1）。2018 年，《中共中央 国务院关于实施乡村振兴战略的意见》首次明确提出"数字乡村"；2019 年，中共中央办公厅、国务院办公厅印发《数字乡村发展战略纲要》，为乡村数字化发展提供了更为有力的支持；2020 年，由农业农村部和中央网络安全和信息化委员会办公室联合印发《数字农业农村发展规划（2019—2025 年）》，中央 1 号文件要求"开展数字乡村试点"；2021 年，《中华人民共和国国民经济和社会发展第十四个五年规划和 2035 年远景目标纲要》提出"加快推进数字乡村建设"，《"十四五"国家信息化规划》将"数字乡村发展行动"列为十大优先行动之一，并做出明确部署；2022 年，由中央网信办等 10 部门联合印发《数字乡村发展行动计划（2022—2025 年）》；2023 年中央 1 号文件提出，要深入实施数字乡村发展行动，推动数字化应用场景研发推广。2024 年中央 1 号文件再次提出"持续实施数字乡村行动"。这一系列文件，明确了数字乡村的概念、要素、整体规划等，为建设数字乡村做好顶层设计，也为发展数字乡村指明了方向。

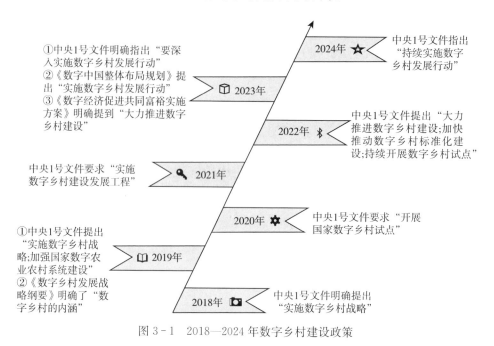

①中央1号文件明确指出"要深入实施数字乡村发展行动"
②《数字中国整体布局规划》提出"实施数字乡村发展行动"
③《数字经济促进共同富裕实施方案》明确提到"大力推进数字乡村建设"

中央1号文件指出"持续实施数字乡村发展行动"

中央1号文件提出"大力推进数字乡村建设;加快推动数字乡村标准化建设;持续开展数字乡村试点"

中央1号文件要求"实施数字乡村建设发展工程"

中央1号文件要求"开展国家数字乡村试点"

①中央1号文件提出"实施数字乡村战略;加强国家数字农业农村系统建设"
②《数字乡村发展战略纲要》明了了"数字乡村的内涵"

中央1号文件明确提出"实施数字乡村战略"

图 3-1　2018—2024 年数字乡村建设政策

　　各地政府部门、数字企业等为数字乡村建设投入了各类资源要素，进行了有益探索，数字乡村建设已从技术赋能的基础设施布局转向系统性重构乡村生产、治理与生活场景的深度融合阶段，并取得了显著成效。例如强调农业信息服务网络的"白河模式"、注重农业电商集群的"遂昌模式"、推行系统性信息服务的"辽宁模式"等。但我们也要看到，当前仍面临城乡"数字鸿沟"较大、数字乡村建设地区不平衡、要素支撑较弱、技术悬浮、数据要素市场化配置滞后、数字公共产品供给不均等现实挑战（沈费伟，2022），而且在一些地方的实践中也出现了一些误区。为此，在新时代新征程，以新兴技术助力数字乡村建设，充分激发农业、农村和农民发展内生动力，是我们坚持全面深化改革的应有之义，也是我们必须回答好的时代答卷。

　　数字乡村实践发生的根本动力在于数字技术的不断变革，人工智能作为引领新一轮科技革命与产业变革的战略性技术变量，凭借其强大的计算和学习能力，在数字乡村建设场域中建构了技术语境。基于此，依托人工智能来推动数字乡村建设，进一步发掘信息化在乡村振兴中的巨大潜力，促进农业全面升级、农村全面进步、农民全面发展，这不仅是数字乡村高质量发展的内在要求，也是数字中国建设的关键保障，对我国全面建设社会主义现代化国家，以中国式现代化全面推进中华民族伟大复兴具有至关重要的意义。

3.1　人工智能影响数字乡村建设的理论逻辑

数字乡村建设作为乡村振兴战略的重要抓手，正通过技术赋能推动乡村产业、治理与社会的全面变革。从理论层面来看，数字乡村建设的底层逻辑在于通过数字技术弥合城乡数字鸿沟，促进城乡公共服务均等化与乡村产业转型升级。在实践层面，数字乡村建设不仅优化了乡村治理结构，还通过数字平台提升了村民参与度和治理效能。精明增长理论作为一种倡导高效、协调、可持续发展模式的理论框架，强调通过合理规划与创新手段，实现土地资源的集约利用、经济的稳健增长以及社会的和谐进步。将人工智能技术引入数字乡村建设，并以精明增长理论为分析视角，不仅能够为乡村发展注入新的活力，还能有效应对传统乡村发展模式所面临的诸多挑战，如土地资源浪费、产业竞争力不足、社区衰退以及生态环境破坏等问题。基于此，本研究引入精明增长理论，将数字乡村作为一个系统性整体，从理论层面探究如何利用人工智能技术实现乡村要素的有效整合，突破乡村由传统迈向现代化的发展困境，最终实现数字乡村精明增长。

3.1.1　人工智能与数字乡村建设

数字乡村作为中国式现代化进程中乡村振兴的核心载体，既是破解城乡二元结构的关键抓手，亦是实现农业农村高质量发展的重要路径。从《数字乡村发展战略纲要》的顶层设计到《数字乡村发展行动计划（2022—2025 年）》的细化部署，数字乡村建设已从技术赋能的基础设施布局转向系统性重构乡村生产、治理与生活场景的深度融合阶段。

（1）人工智能助推乡村数字生产

人工智能作为推动乡村产业升级的核心技术力量，正在重塑传统农业生产模式，改变乡村数字化生产面貌，为乡村振兴注入强劲动能。首先，人工智能通过构建乡村智能基础设施，为乡村数字生产奠定坚实基础。智能传感器、物联网设备与云计算平台的广泛部署，显著提升了农田数据采集能力，让气象监测、土壤分析等关键信息实现实时传输，有效弥合了城乡数字差距。这不仅能帮助农户及时掌握生产动态，更让偏远地区的优质农产品通过直播电商、智慧物流等新渠道直达全国市场。而且，农民借助数字化平台，通过电子商务和社交媒体直接与消费者互动，能够缩短农产品供应链，提升农产品的附加值，为乡村经济注入了新的活力。其次，人工智能技术深度融入农业生产全链条，带来生产效率提升。智能灌溉系统能结合土壤湿度自动调节水量，病虫害识别模型可实时预警并提供防治方案，自动化采收设备大幅降低人力成本。例如，浙江移动在湖州南浔打造了"数字大田"智慧管理平台，部署了土壤温湿度传感器、智能气象站、虫情测报站等设备，实时采集土壤酸碱度、养分、气象信息等数据，实现远程灌溉、施肥和病虫害预警。同时，基于用户画像的智能推荐系统，帮助农户在电商平台实现精准营销，让特色农产品卖出品牌溢价。再者，政策引导为人工智能落地营造良好环境。国务院印发《新一代人工智能发展规划》明确提出推进农业智能化转型，各地政府通过建设数字农业示范区、提供技术培训补贴等方式，吸引科技企业与科研机构下乡。在重庆，政企合作搭建的"富慧养"智慧养殖共同富裕平台借助自研的 AI 解决方案，实现了准确的体重、体温、环境监测等多项关键指标的实时采集，全面提升了养殖管理的科技水平。目前已在重庆市的 13 个地区落地应用，服务超过 1 000 名养殖户，提升养殖户经济收入 20％以上[①]。更重要的是，

---

① 数据来源：重庆市农业农村委员会，https：//nyncw. cq. gov. cn/zwxx _ 161/zwdt/202409/t20240927 _ 13665690. html.

人工智能正在催生乡村经济新业态。在贵州黔东南，传统苗绣工艺结合AI设计系统，开发出融合民族元素与现代审美的文创产品[①]；山东寿光的智能温室通过环境调控算法，实现反季节果蔬的定制化生产[②]。这些创新实践不仅延长了农业价值链，更培育出数字创意农业、直播电商等新兴增长点，为乡村振兴开辟出广阔空间。

（2）人工智能改善乡村数字治理

人工智能作为现代治理体系的重要技术支撑，正在重塑乡村治理格局，推动基层治理向精准化、信息化、智能化、高效化的方向迈进。首先，人工智能通过构建智能网络，可以打造更加高效的信息处理系统。传统的乡村治理往往面临着信息过度分散、数据获取难度大等问题，而人工智能通过实时监测与信息采集，能够迅速收集和清洗海量的关于乡村生产、人口、环境等方面的数据，帮助政府决策者在短时间内获得全面、精准的信息。在浙江景宁，"秸秆焚烧烟雾智能识别监测系统"可以实现实时监测，一旦发现疑似烟雾，监测系统立即预警，使秸秆焚烧识别准确率达95％。这种全域覆盖的感知能力，让原本分散的治理信息形成动态数据库，帮助基层干部快速掌握人口流动、公共设施运行等关键信息。其次，人工智能驱动乡村治理向智慧化升级。借助人工智能和机器学习技术，乡村治理系统能够自主学习、分析海量的数据，自动发现治理过程中潜在的关键问题。例如，安徽铜陵市义安区东联镇开发的"智慧大脑"系统，基于"铁塔＋视频终端＋人工智能算法"云平台进行智能分析，可自动识别森林火灾、固废倾倒等多场景的违规违法行为。同时，通过安装"小天网"智能探头，将全部模拟信号接入社会综合治理 AI 联动指挥中心后台，并在永新社区探索建立智慧安防小区和智能研判预警响应处置"前哨"系统，实现了"足不出户便知镇内大事小事"。自 AI 系统投入以来，共自主识别推送各类风险行为 826 起，核查精准率达 97.3％，大大

---

① 数据来源：贵州省文化和旅游厅，https：//whhly.guizhou.gov.cn/xwzx/wldt/202311/t20231129_83158411.html.

② 数据来源：搜狐网，https：//www.sohu.com/a/870374889_122066675.

提升了基层矛盾调处效率①。再者，智能化平台正重构乡村治理参与模式。不同于传统的自上而下的乡村治理模式，人工智能赋能的乡村数字治理体系，可以为广大乡村居民提供线上参与乡村治理的机会，乡村居民利用数字化平台，便可以随时随地向决策者反馈问题和提出意见建议，从而推动乡村治理更加民主化、透明化。例如，重庆荣昌区"村务云"智慧信息平台，村民通过人脸识别即可参与议事投票、查看集体资产明细②。江苏张家港，AI民意分析系统将村民在微信群、便民热线中的诉求自动归类，生成可视化民情图谱，辅助干部针对性改进养老服务、道路修缮等民生工程③。更重要的是，人工智能催生了治理服务新形态。广东佛山的"江义村智慧乡村平台"，通过"一图感知江义""大数据碰撞分析和电子围栏""接入 DeepSeek"等技术应用，实时掌握乡村生产、生活、生态美化态势，建立数字乡村治理新模式，提升乡村治理现代化水平④；江西婺源景区充分利用人工智能技术，游客可以"刷脸"进入旅游区，大大缩短了游客入园时间⑤。这些创新实践不仅提升了乡村治理效能，更培育出智慧养老、数字文旅等惠民新场景，让村民实实在在感受到科技带来的治理温度。

（3）人工智能服务乡村数字生活

人工智能作为乡村生活数字化转型的核心技术引擎，正在重塑传统乡村生活方式，推动传统生活方式向数字化、智能化方向跃迁。首先，人工智能通过突破地理空间限制，实现城乡公共服务资源的数字化再分配。在教育领域，智能教育平台整合优质课程资源，依托自适应学习算法构建个

---

① 资料来源：铜陵市人民政府网，https://www.tl.gov.cn/tlsrmzf/shncggwyk/pc/content/content_1739552646033088512.html.

② 资料来源：重庆晨报，https://www.cqcb.com/county/rongchangxian/rongchangxianxin-wen/2021-03-17/3865282_pc.html.

③ 资料来源：苏州市人民政府，https://www.suzhou.gov.cn/szsrmzf/xzspzdgg/202501/e-749520b3332475e8a1d18da36bccb73.shtml.

④ 资料来源：中国新闻网，https://www.chinanews.com.cn/sh/2025/02-18/10370381.shtml.

⑤ 资料来源：搜狐网，https://www.sohu.com/a/168136066_705000.

性化知识图谱，有效破解乡村教育资源配置不均衡困境；医疗场景中，云端辅助诊断系统与远程诊疗设备的协同应用，使三甲医院专家资源通过数字孪生技术下沉至基层卫生站。这种技术驱动的资源再配置机制，本质上是通过数据要素的流动弥合城乡公共服务鸿沟。其次，人工智能技术深度嵌入乡村生活场景，重构乡村生活场景。在消费领域，智能供应链管理系统基于时空数据分析动态优化乡村商业网点布局，使商品流通效率提升40％以上。这种服务模式的革新，体现了从"人找服务"到"服务找人"的范式转换，本质上是算法算力对传统服务供给链的价值重构。再次，人工智能为乡村文化传承提供创新载体，实现传统文化资源的数字化保存与创造性转化。例如，贵州省黔东南苗族侗族自治州雷山县的西江千户苗寨搭建的智慧广播系统，能自动将政策文件转换成方言播报，并依据村民收听习惯调整播放时段。短视频平台上，AI 生成的二十四节气动画讲解，日均播放量超 5 万次，让传统农耕文化吸引年轻群体。更重要的是，人工智能催生增收新路径。在山东寿光，菜农运用 AI 种菜助手管理大棚，手机接收的光照、湿度提醒使其年节省水电费 1.2 万元。AI 技术还能提升作物品相和产量，提高经济价值15％，节省人工30％[①]；武汉软件工程职业学院联合相关机构举办数字电商技能提升班，通过"专题报告＋技能培训＋实践模拟"的模式，提升农民直播带货技能，助力农户户均年增收8 000 元[②]；贵州遵义利用慧播星数字人直播技术，让农民无须学习复杂的电商规则和直播话术，即可开展直播带货，降低了学习成本和流量投放成本[③]。这些创新实践不仅提升了乡村生活便利性，还为农民增收提供了新路径，推动了农业农村现代化和乡村振兴。

综上，提出研究假设：

H1：人工智能技术发展有助于促进数字乡村建设。

[①] 资料来源：中国政府网，https：//www.gov.cn/xinwen/2017－04/21/content_5188085.htm.

[②] 资料来源：手机网易网，https：//m.163.com/dy/article/J5PUSD6J0538DF98.html.

[③] 资料来源：网易科技，https：//www.163.com/tech/article/JJS650FS00099504.html.

3.1.2 政府规模与数字乡村建设

在中国，政府在社会各方面的核心作用无可替代，尤其在农村地区，基层政府的治理与指导是乡村振兴的基石，是县域经济得到发展的主导力量（熊小林和李拓，2018）。政府规模对经济增长存在非线性的双刃剑影响。这种非线性关系被称为 Armey 曲线，在近年来的多项研究中被证实（Armey，1995；Nguyen and Su，2022；文雁兵，2014）。本研究将探析政府规模在 AI 技术与数字乡村建设之间的调节效应。

从智能农业机械的精准作业到村级政务平台的数字化升级，人工智能技术的应用显著提升了资源配置效率与公共服务可及性，正深刻改变着农村的生产方式、治理模式与服务供给形态，也成了县域数字乡村建设的核心驱动力。然而，政府规模对人工智能助力数字乡村建设的影响也具有非线性双刃剑作用。当政府规模处于适度区间时，其通过资源整合与政策引导强化人工智能技术红利；但若政府规模过度扩张，则可能因行政冗余与创新抑制而削弱人工智能技术的实际价值。

（1）适度政府规模催化人工智能技术在数字乡村建设中的扩散

当政府规模较小时，随着政府规模的扩大，人工智能对于数字乡村建设的积极作用会更明显。第一，人工智能技术发展高度依赖 5G 基站、云计算中心等新型基础设施，但农村地区因投资回报率低难以吸引市场化资本。随着政府力量增加，政府可以通过专项债、转移支付等财政资源，优先建设新型基础设施，提升人工智能技术发展水平，拓展人工智能技术在农业农村的应用，如智能灌溉系统、农村物流配送网络等，显著提高农业生产效率和农村生活质量，有利于数字乡村建设。第二，农村居民对于人工智能技术认知和接受程度往往较低（李国锋和王丽君，2024），而随着政府力量增加，政府会更注重提升农村居民的数字素养，通过组织培训和宣传活动，让村民掌握基本的人工智能应用技能，如使用智能农业设备、参与农村电商等，使得人工智能在农村的应用场景不断拓展和深化，促进农业生产模式重塑、乡村经济、乡村治理等数字化水平提升，从而为数字乡村建设提供强有力的支持。第三，人工智能技术应用存在显著的"马太效应"，经济基础较好的乡村往往率先享受技术红利。随着政府规模扩大，调控能力得到增强，可通过建立跨区域的数字资源共享平台，运用大数据分析精准识别不同乡村的数字化需求。例如，浙江实施的"乡村大脑"工程，通过省级统筹构建覆盖全省的农业数据中台，使偏远山区的茶叶种植户也能实时获取市场供需信息和病虫害预警数据，有效缩小了区域间的数字鸿沟。这种由政府主导的资源调配机制，能够确保人工智能技术红利向欠发达乡村扩散，推动人工智能在数字乡村建设中的普遍应用。

（2）政府过度扩张抑制人工智能技术嵌入数字乡村建设的效能

当政府规模达到一定水平之后，继续扩大政府规模会削弱人工智能对于数字乡村建设的积极作用。第一，政府规模的扩大在促进人工智能技术在农村应用的同时，也可能导致其对人工智能资源的配置不够精准。一方面，政府可能会过度干预人工智能技术在乡村建设中的应用，盲目投入大量资金建设人工智能项目，却忽视了项目的实际效益，最终阻碍了数字乡村的建设；另一方面，大规模政府往往通过科层制层层下达技术指标，造成管理层次增加，政策执行效率降低，带来财政刚性支出，就可能使得本应用于人工智能技术研发和推广的资源被挪作他用，从而影响人工智能技术在数字乡村建设中的应用。第二，政府规模扩张常伴随"目标替代"现象，例如为完成考核指标（如摄像头安装率、App 下载量）而忽略农民的真实需求，造成人工智能应用与数字乡村建设的脱节。审计数据显示，中西部某省 2022 年投入 12 亿元采购的农业智能监测设备中，43% 因操作复杂未被农民使用，27% 因网络延迟无法传输数据。第三，政府规模的过度扩张还会加强地方保护主义（Chang et al.，2021），导致市场扭曲。例如某县农业农村局推广单一品牌的智能灌溉系统，导致当地创业公司研发的节水型 AI 设备因无法进入采购目录而破产，限制了人工智能技术在农村的应用。第四，政府规模的过度扩张可能会使乡村地区对政府的依赖性增强，减弱乡村自我发展的动力和能力，从而影响人工智能嵌入数字乡村建设。

为了支撑上述理论分析，本研究进行了模型推导。

假设数字乡村总产出（Y）由人工智能技术资本（K_A）、传统资本（K_R）、劳动力（L_R）和政府规模（G）共同决定。结合不变替代弹性系数（CES）函数与 Cobb-Douglas 函数，定义生产函数为：

$$Y = A(G) \times [\phi K_A^\sigma + (1-\phi)\Gamma(G)^\sigma]^{1/\sigma} \times K_R^\alpha L_R^{1-\alpha} \qquad (3-1)$$

其中，$A(G) = a_0 G^\epsilon$ 为政府基础设施的技术乘数（$\epsilon > 0$），反映公共投资对全要素生产率的溢出效应；$\Gamma(G) = g_1 Ge - g_2 G$ 为政府效能函数，表征政府规模的边际收益递减特性；$\sigma \in (0, 1)$ 表示人工智能与政府效能的替代弹性，$\phi \in (0, 1)$ 为分配参数。

政府支出由税收（τY）和专项人工智能投资（S_A）构成：

$$G = \tau Y + S_A \qquad (3-2)$$

同时，政府规模扩大会挤占人工智能资本积累，使得：

$$K_A = \bar{K}_A - \theta G \, (\theta > 0 \text{ 为挤出系数}) \qquad (3-3)$$

人工智能资本积累遵循动态路径：

$$\dot{K}_A = \eta(S_A) \times Y_A - \delta_A K_A \qquad (3-4)$$

人工智能技术资本的边际产出为：

$$\frac{\partial Y}{\partial K_A} = \phi \left(\frac{Y}{K_A}\right)^{1-\sigma} \times \Gamma(G)^{-\sigma} \qquad (3-5)$$

政府规模的边际产出为：

$$\frac{\partial Y}{\partial G} = (1-\phi) \left(\frac{Y}{\Gamma(G)}\right)^{1-\sigma} \times \Gamma'(G) \qquad (3-6)$$

由于 $\Gamma(G)$ 的单峰性，当 $G < Gc$ 时，$\partial Y/\partial G > 0$；当 $G > Gc$ 时，$\partial Y/\partial G < 0$。

对 $\Gamma(G)$ 求一阶导数：

$$\Gamma'(G) = g_1 e^{-g_2 G}(1 - g_2 G) \qquad (3-7)$$

当 $G < Gc = 1/g_2$ 时，$\Gamma'(G) > 0$，政府扩张提升效能；当 $G > Gc$ 时，$\Gamma'(G) < 0$，过度干预引发效率损失。

对 $\Gamma(G)$ 求二阶导数：

$$\Gamma''(G) = -g_1 g_2 e^{-g_2 G}(2 - g_2 G) < 0 \qquad (3-8)$$

当 $G=Gc$，证明 Gc 为唯一极大值点。

因此，Gc 为唯一极大值点，也就使得政府规模对人工智能技术红利的调节作用呈现倒 U 形。即当 $G<Gc$，政府完善基础设施、降低交易成本，提升 AI 技术渗透效率；当 $G>Gc$，政府过度干预引发资源错配，抑制人工智能技术扩散。

鉴于此，本研究提出如下假设：

H2：政府规模在人工智能与数字乡村建设的关系中具有倒 U 形的调节作用，即在政府规模较小时，随着政府规模增大，人工智能与数字乡村建设的正向关系会增加；当政府规模达到一定水平之后，继续扩大政府规模会削弱人工智能与数字乡村建设的正向关系。且具有区域异质性。

3.1.3　人工智能影响数字乡村建设的作用机制

精明增长的发生，从根本上说取决于乡村的内生属性——聚集性，即乡村主体的空间集中而导致经济、社会要素聚集的特性。

第一，在精明增长视角下，人工智能通过由聚集性导致的聚集效应影响数字乡村建设。人工智能技术通过强化乡村主体的空间集聚特性，间接推动数字乡村建设进程。在聚集效应框架下，人工智能主要通过生产合作型与环境共享型两类聚集形态发挥作用。一方面，人工智能通过数据驱动和智能算法优化生产要素配置，促进人力资本、知识资源及技术要素向乡村产业流动，形成以生产力提升为导向的协同网络。例如，智能决策系统可整合分散的产业数据资源，引导技术人才与创新要素向特定产业节点集中，加速产业集群化发展；另一方面，人工智能支持的数字化治理平台通过改善乡村公共服务（如智慧教育、医疗及政务系统），吸引多元主体与多业态向乡村社会空间聚集，形成环境共享型发展生态。两类聚集效应的叠加不仅提升了乡村要素配置效率，还通过技术溢出与知识扩散增强区域创新活力，为数字乡村建设奠定要素整合基础。

第二，在精明增长视角下，人工智能通过聚集经济影响数字乡村建设。人工智能技术通过要素集聚后的规模经济效应，推动数字乡村经济体系的结构优化与价值增值。在聚集经济作用下，人工智能首先通过产业数据化与智能化改造，促进乡村产业链纵向延伸与横向整合，形成技术密集、分工明确的产业协同网络。例如，智能生产系统通过精准匹配上下游供需关系，降低资源调度成本，实现农业生产、加工、流通环节的无缝衔接。其次，人工智能驱动的规模化生产可显著降低单位成本，同时通过数据共享平台优化资金、技术等要素的集约化利用效率，提升乡村经济整体产出水平。此外，人工智能支持的数字经济新业态（如农村电商、智慧物流）进一步强化产业间的关联性与互补性，推动乡村产业结构从传统粗放型向高附加值方向升级。这种由人工智能技术赋能的聚集经济不仅弥合了乡村内生发展短板，更通过资本积累与创新循环为数字乡村建设提供可持续增长动力。

鉴于此，本研究提出以下假设：

H3：聚集效应和聚集经济在人工智能与数字乡村建设之间存在中介效应，人工智能能够通过聚集效应和聚集经济间接促进数字乡村建设。

3.1.4　人工智能影响数字乡村建设的空间效应

数字乡村空间系统是具备多层级关联、中心化与分布式协同演进的开放系统，其发展遵循技术赋能与制度创新双轮驱动的演进逻辑。首先，基于技术扩散视角分析数字空间关系。人工智能通过优化数据要素、技术要素和人力资本配置效率，能够促进乡村产业数字化、治理智能化和服务精准化（李道亮等，2020）。区域数字基础设施水平与技术创新能力的适配程度决定了人工智能赋能乡村建设的效能边界，其技术集聚效应通过数字产业链的梯度转移机制，强化了核心区域与外围区域之间的要素流动与知识溢出。其次，从社会重构视角审视数字社会关系。数字空间本质上反映了技术逻辑与社会关系的深度互构（Lefebvre，1991）。人工智能作为数字文明时代的基础性技术，正在重构乡村社会的信息传播网络与权力关系结构（黄璜等，2022）。在数字化转型过程中，乡村主体的信息获取能力与数字参与程度呈现显著分化，通过信息共享机制与协同创新网络形成的知识溢出效应，在数字场域中催生出技术扩散效应、模仿学习效应等空间作用机制，推动乡村社会面临组织结构重构、文化认知更新和治理模式创新的系统性变革。同时，数字空间生产主体的多元化导致传统乡村权力结构发生解构，技术资本与行政力量的博弈成为影响数字乡村空间生产的关键变量（张新文等，2021）。再次，依据空间经济学理论和新经济地理学的"中心—外围"模型等相关理论，空间溢出效应理应遵循距离衰减规律，即人工智能技术的空间溢出存在一定的空间范围，并且随着地区间距离的增加，空间溢出产生的效应会逐渐衰减，这使得外围区域难以享受到中心区域所释放出来的技术红利。具体而言，地理位置相近的县域在产业布局和人工智能技术水平上相似，县域之间制度壁垒和贸易阻碍相对较弱，两城之间知识要素流动与经济联系也更为紧密，因此，当地人工智能发展会给邻近县域带来更多的空间溢出效应。综上，无论是物质空间关系还是社会空间关系，均印证了人工智能对数字乡村建设的影响具有明显的空间效应。

　　进一步研究表明，根据循环累积因果关系理论，市场力量的作用一般趋向于强化而不是弱化区域间的不平衡，劳动力的选择性转移、资金的趋利性和技术的扩散性均表现出高水平地区的优势锁定（张英男等，2019）。而技术禀赋优势区域的虹吸效应可能加剧数字要素的空间极化。且数字乡村建设本质上是乡村社会数字化转型的复杂系统工程，涉及生产要素重组、空间格局重塑和系统功能升级的多维嬗变（刘彦随等，2021）。因而，人工智能对数字乡村建设的赋能效果存在显著区域异质性。

　　由此，本研究提出以下假设：

　　H4：人工智能对数字乡村建设的影响具有空间溢出效应，但对周边地区数字乡村建设的空间溢出效应可能存在差异。

　　H5：人工智能影响数字乡村建设的空间效应具有区域异质性。

3.2 人工智能影响数字乡村建设的实证分析

3.2.1 研究设计

（1）模型设定

为检验人工智能对数字乡村建设的作用路径和影响效应，设定双向固定效应模型：

$$DV_{it} = \alpha + \alpha_1 AIT_{it} + \alpha_2 C_{it} + \mu_i + \gamma_t + \varepsilon_{it} \qquad (3-9)$$

式中，DV 为 i 县 t 年的数字乡村指数，AIT 为 i 县 t 年的人工智能技术发展水平，C_{it} 为控制变量，ε_{it} 为随机扰动项，μ_i 为县域固定效应，γ_t 为时间固定效应。

在此基础上，本研究进一步检验政府规模在人工智能对数字乡村建设影响关系中的倒 U 形调节作用。设定方程如下：

$$DV_{it} = \sigma + \sigma_1 AIT_{it} + \sigma_2 Govern_{it} + \sigma_3 AIT_{it} \times Mo_{it} + \sigma_4 Mo_{it}{}^2 +$$
$$\sigma_5 AIT_{it} \times Mo_{it}{}^2 + \sigma_6 C_{it} + \mu_i + \gamma_t + \varepsilon_{it} \qquad (3-10)$$

式中，Mo_{it} 代表调节变量，此处指的是政府规模，其他变量定义与式（3-9）一致。

此外，为了厘清人工智能对数字乡村建设的作用渠道，本研究构建了中介效应模型如下：

$$Me_{it} = \beta + \beta_1 AIT_{it} + \beta_2 C_{it} + \mu_i + \gamma_t + \varepsilon_{it} \qquad (3-11)$$
$$DV_{it} = \lambda + \lambda_1 AIT_{it} + \lambda_2 Me_{it} + \lambda_3 C_{it} + \mu_i + \gamma_t + \varepsilon_{it} \qquad (3-12)$$

式中，Me_{it} 是中介变量，此处指的是聚集效应和聚集经济，其他变量设定与式（3-9）相同。本研究的中介效应识别采取依次检验法，并通过 Bootstrap 检验对回归结果做进一步判断，以增强机制检验的完备性和可信度。

为了检验人工智能技术发展对周边地区数字乡村建设的溢出效应，本研究采用 SDM 模型，引入人工智能技术发展的空间变量，设计模型如下：

$$DV_{it} = \varphi \bar{\omega}_{ij} DV_{jt} + \varphi_1 AIT_{it} + \varphi_2 \bar{\omega}_{ij} AIT_{jt} + \mu_i + \gamma_t + \varepsilon_{it}$$

$$(3-13)$$

式中，$\bar{\omega}_{ij}$ 为空间权重矩阵，其他变量定义与式（3-9）一致。

（2）变量设计

①被解释变量：数字乡村建设（DV）。数字乡村建设作为建设数字中国的重要内容以及乡村振兴的战略方向，众多学者对其进行了研究，但当前对于数字乡村建设的测度，学界尚未达成共识。北京大学新农村发展研究院联合阿里研究院发布了《县域数字乡村指数》报告，采用4个一级指标、12个二级指标、33个三级指标测度了数字乡村发展水平，系统揭示了现阶段数字乡村发展的总体趋势、主要短板及发展潜力，为相关领域学者深入探讨我国农业农村数字化转型进展、驱动力、经济社会效应等问题提供重要借鉴，同时，为国家和地方政府完善数字乡村发展的顶层设计和实施方案、加快乡村振兴战略实施提供重要参考。为此，本研究采用该指数衡量数字乡村建设成效。

②解释变量：人工智能技术发展（AIT）。人工智能技术的发展需要企业投入资金、人才和资源进行研发和应用。因此，一个地区的人工智能企业数量越多，说明该地区在人工智能技术方面的投入和产出也相对越多，从而可能意味着该地区的人工智能技术发展水平较高。因此，本研究借鉴贺星星等（2024）的研究，采用县域人工智能企业数量来表征县域人工智能技术发展情况。

③中介变量。数字乡村精明增长的内生机制在于乡村的聚集效应与聚集经济。要实现乡村经济增长，必然要激发相应空间中人力资本积累、知识信息共享、创新与合作等需求，从而推动数字乡村发展要素聚集。多种要素的聚集在数字乡村中形成了经济效益相对较高的产业。这种优势呈现自我增强趋势，从而带来进一步的资本积累。因此，本研究分别采用人力资本积累、知识信息共享、创新来表示聚集效应。其中：

人力资本积累（HCA）：使用各地区的学校在校学生数增长率来表示。

知识信息共享（KIS）：企业通过在微博上发布动态、分享经验、交流观点，不仅可以将自身的知识和信息传递给更广泛的受众，还能够从其他企业和用户那里获取有价值的信息和资源。同时，微博互动式的共享方式可以提高信息的传播效率，增强用户之间的交流和合作，促进知识创新的产生和发展，从而推动整个县域的知识信息共享水平提升。一定程度上，县域注册微博的公司数量越多，说明该地区的企业对于利用社交媒体进行知识信息共享的意识和积极性越高。因此，本研究采用县域当年注册微博的公司数量作为知识信息共享的代理变量，进入回归时取对数。

创新（IC）：发明专利代表了新技术或产品的创造和保护，能够反映技术创新的成果。因此，本研究采用人均发明专利的申请数量作为衡量县域创新能力的指标。

合理的要素聚集会产生聚集经济。乡村产业的规模化使得乡村领域中形成较为完整的产业结构、经济体系、技术结构，同时可以降低规模经济内部的交通运输、资源调度等方面的成本，而处于产业链不同环节的生产单位可以实现无缝隙的生产协同，提高产出。另外，Ciccone（1996）的研究发现，用人口密度来衡量经济的聚集指数比用市场规模更为合适。由于统计口径的问题，市场规模可能会造成偏差，而人口密度则是一个更合适的指标。为此，本研究采用人口密度衡量聚集经济（AE），人口密度采用年末总人口与面积的比值来测度，进入回归时取对数。

④调节变量：政府规模（Govern）。数字乡村精明增长的外力助推来自乡村的合理规划与政策扶持。而政府规模通常反映了政府在资源配置、政策制定和执行以及公共服务提供等方面的能力和效率。一个规模适中、职能明确、权力配置合理的政府，更有可能制定出全面、长远且符合实际情况的发展规划，并有效地实施这些规划。同时，也更可能具备较强的政策制定和执行能力，能够针对乡村地区的特殊情况制定更为精准的政策措施。因此，政府规模可以作为衡量和反映乡村规划合理性的一个可观测指标。本研究参照文献的常用做法，使用"地方政府财政支出/地区面积"计算得出政府规模（吕冰洋等，2022；朱奕蒙等，2022；林嵩，谷承应，

斯晓夫，严雨姗；2023）。

⑤控制变量。鉴于人工智能并非影响数字乡村建设的单一因素，同时为降低遗漏变量带来的模型内生性问题，本研究控制了以下变量：城乡办事处个数、县域固定电话用户、夜间灯光指数、人均储蓄余额。

各变量的描述性统计结果如表 3-1 所示。县域数字乡村指数均值为52.18，表明整体数字化水平处于中等偏上，但县域间差异显著；人工智能技术发展的均值为 18.21，且最大值显著偏离中位数，表明数据存在极端右偏，少数县域在人工智能应用上表现突出，而多数县域水平较低；政府规模极值跨度较大，表明县域间政府资源配置差异显著；人力资本积累均值为 0.01，标准差为 0.08，数据分布高度集中，但存在负值，说明部分县域人力资本可能存在流失现象；知识信息共享中位数为 0.693 接近均值，但最大值为 6.415，说明个别县域知识共享水平较高；创新均值为0.00，表明县域整体创新能力较弱。

表 3-1　描述性统计

变量类别	变量名称	变量代码	个数	平均值	标准差	最小值	中位数	最大值
被解释变量	数字乡村建设	DV	5 445	52.18	13.23	4.547	52.488	94.673
解释变量	人工智能技术发展	AIT	5 003	18.21	51.42	1	7	1 719
调节变量	政府规模	$Govern$	5 602	242.18	290.93	0.488	166.082	3 923.484
中介变量	人力资本积累	HCA	3 738	0.01	0.08	−1	0.007	1.920
	知识信息共享	KIS	2 483	0.72	0.91	0	0.693	6.415
	创新	IC	4 418	0.00	0.00	0	0.000	0.029 6
	聚集经济	AE	4 416	5.05	1.37	−1.908	5.169	8.262
控制变量	城乡办事处个数	URO	5 622	57.42	112.59	2	2	848
	固定电话用户	TEL	5 589	35 091.86	42 087.73	63	21 900	426 544
	夜间灯光指数	STL	5 562	7.22	4.54	0	6.570	25.123
	人均储蓄余额	SAV	4 412	3.69	2.11	0.242	3.229	23.202

（3）数据来源

本研究基于国家统计局、各区县政府官网、工商注册信息、CSMAR经济金融研究数据库、《中国县域统计年鉴》，以及以国家企业信用信息公示系统等权威官方系统和网站为数据来源的天眼查、启信宝等数据库构建了 2018—2020 年全国 31 个省、自治区、直辖市（不含港澳台）的 1 874 个县区的县域面板数据。

3.2.2 实证分析结果

（1）基准回归结果

表 3-2 列示了人工智能对数字乡村建设影响的检验结果。列（1）报告了不加入控制变量的回归结果，列（2）增加了控制变量。可以看出，无论是否引入控制变量人工智能均能够显著提升数字乡村建设水平。

表 3-2 基准回归结果

变量	县域数字乡村指数	
	（1）	（2）
AIT	0.073***	0.028***
	(0.011)	(0.006)
URO		−0.002
		(0.002)
TEL		0.000***
		(0.000)
STL		0.708***
		(0.036)
SAV		0.887***
		(0.097)
_cons	52.723***	44.097***
	(0.183)	(0.405)
县域固定效应	是	是
时间固定效应	是	是
N	4 863	3 871
R^2	0.660	0.716

注：①***、**和*分别表示在 1%、5% 和 10% 的水平下显著；②括号中是县级层面的聚类稳健标准误。

数字乡村精明增长的本质是一种综合性的乡村发展新模式，以环保、集约、公平为理念指导，在限制乡村发展边界的同时，提升乡村发展质量，推动城乡社会协调发展。县域数字乡村建设是多维度复合嬗变的协调系统。因此，需要考察人工智能技术发展对数字乡村建设各维度的影响是"雨露均沾"还是"厚此薄彼"。本研究根据北京大学新农村发展研究院联合阿里研究院发布的《县域数字乡村指数》报告以数字乡村建设的 4 个一级指标作为数字乡村建设的维度。表 3-3 考察了各维度的影响。结果显示，人工智能能够显著提升乡村数字基础设施、乡村治理数字化、乡村生活数字化、乡村经济数字化。

表 3-3　人工智能对数字乡村建设不同维度下的影响结果

变量	乡村数字基础设施	乡村治理数字化	乡村生活数字化	乡村经济数字化
	(1)	(2)	(3)	(4)
AIT	0.009***	0.031***	0.054***	0.028***
	(0.003)	(0.007)	(0.013)	(0.008)
Control	是	是	是	是
_cons	56.225***	36.552***	38.377***	41.164***
	(0.562)	(0.983)	(0.655)	(0.475)
县域固定效应	是	是	是	是
时间固定效应	是	是	是	是
N	3 871	3 871	3 871	3 871
R^2	0.531	0.487	0.558	0.694

注：①***、**和*分别表示在 1%、5% 和 10% 的水平下显著；②括号中是县级层面的聚类稳健标准误。

(2) 内生性问题检验

①Heckman 二阶段法。首先，我们建立数字乡村建设的概率模型，借助 Probit 回归模型来估算各县域开展数字乡村建设的潜在概率；然后，利用估计结果计算出逆米尔斯比率（Inverse Mills Ratio，简写为 IMR），作为衡量样本选择偏差的关键指标；之后，我们进一步构建人工智能影响数字乡村建设的回归方程，同时将前一步骤中计算得到的逆米尔斯比率作

为控制变量纳入，旨在纠正可能存在的内生性误差，提升估计结果的准确性。另外，将地形起伏度这一指标作为外生性变量纳入到第一阶段的概率方程。一方面，地形起伏度较高的地区一般经济发展水平较为滞后，地区劳动力向地势更平坦地区外流较为严重，同时人工智能技术水平较低，使得人工智能促进数字乡村建设的潜力较小。反之，则潜力较大。因此，地形起伏度会影响县域数字乡村建设；另一方面，根据实践经验来看，地形起伏度本身并不受这些经济现象的直接影响，因此达到工具变量的基本要求，是一个比较合适的工具变量。

表3-4列（2）的结果表明，在考虑样本选择偏误引发的内生性问题后，人工智能与数字乡村建设之间依然存在显著的正相关关系。

②工具变量法。在探讨人工智能技术发展对数字乡村建设影响的过程中，可能面临内生性问题，即解释变量与误差项相关，从而引起估计偏误。为了解决这一问题，本研究采用工具变量法解决。理论上，高污染地区倾向于引入人工智能技术优化资源分配或部署数字基础设施以应对生态压力，即PM2.5可能通过环境治理需求或政策干预等路径与数字乡村建设产生相关性。另外，PM2.5通常不会直接作用于乡村数字化进程，满足排他性约束。因此，满足工具变量的要求。本研究在回归时，将PM2.5取对数。

表3-4的列（3）报告了第一阶段的回归结果。很明显，工具变量与解释变量项显著正相关。同时，第一阶段考虑异方差的弱工具变量检验F统计量为14.77，大于10，根据经验规则，该结果排除了弱工具变量存在的可能性，再次说明本研究采用的工具变量有效。表3-4的第（4）列报告了使用工具变量估计的第二阶段回归结果。从估计结果来看，回归系数显著为正，证实了本研究估计结果的稳健性。

③PSM-DID检验。本研究首先使用Logit模型对匹配变量进行筛选，参与筛选的匹配变量为本研究回归模型中出现的所有控制变量，因变量为0~1虚拟变量，即若县域数字乡村指数大于均值则设定为1，否则为0。结果表明，城乡办事处个数、固定电话用户数、夜间灯光指数、人

均储蓄余额均会对人工智能产生显著影响，因此，下文将以这 4 个变量作为匹配变量。在此基础上，本研究基于 Logit 模型的拟合值计算出相应的倾向得分值，分别按照近邻匹配、半径匹配、核匹配进行样本配对，再根据 PSM 方法匹配的样本重新拟合回归模型，结果如表 3 - 4 所示，其中列（5）是近邻匹配所得样本的回归结果，列（6）是半径匹配所得样本的回归结果；列（7）是核匹配所得样本的回归结果，结果表明在考虑到配对偏差的情况下本研究的主要研究结论依然成立。

表 3 - 4 内生性检验

变量	Heckman 二阶段法		工具变量法		PSM - DID		
					近邻匹配	半径匹配	核匹配
	(1)	(2)	(3)	(4)	(5)	(6)	(7)
AIT	0.03***	0.03***		0.157**	0.031***	0.030***	0.030***
	(0.004)	(0.003)		(2.54)	(0.007)	(0.007)	(0.007)
IMR		−5.82***					
		(0.725)					
IV			3.343***				
			(3.34)				
Control	是	是	是	是	是	是	是
_cons	31.10***	48.65***	−67.273***	40.848***	44.171***	44.155***	44.140***
	(6.338)	(1.320)	(−4.32)	(35.82)	(0.409)	(0.412)	(0.412)
县域固定效应	是	是	是	是	是	是	是
时间固定效应	是	是	是	是	是	是	是
N	4 302	3 871	3 866	3 871	3 802	3 775	3 783
R^2		0.721	0.393	0.599	0.709	0.706	0.706
F	—	—	14.77	—	—	—	—

注：①***、** 和 * 分别表示在 1%、5% 和 10% 的水平下显著；②括号中是县级层面的聚类稳健标准误。

（3）稳健性检验

本研究进行了多种稳健性检验。

①更换测度方法。采用动态 GMM 估计，估计结果如表 3 - 5 列（1）、列（2）所示。②剔除特殊样本。本研究尝试将所有区以及县级市样本数

据进行剔除，仅保留了 1 290 个县的样本数据，估计结果如表 3-5 列（3）、列（4）所示。③考虑到政策实施的影响可能有一定的时间滞后，参考 Acemoglu 等（2014）的研究，本研究使用滞后一个时期的解释变量作为当期解释变量的替代变量，进行检验。结果如表 3-5 的第（5）和（6）列所示。④替换变量。将人工智能替换为单位面积的人工智能企业数量（即人工智能企业数量/面积）。研究结果表明，回归系数显著为正，本研究的研究结论仍然稳健。

表 3-5　稳健性检验

变量	GMM 估计	剔除特殊样本	滞后效应	替换变量
	(1)	(2)	(3)	(4)
AIT	0.015***	24.327***	0.052***	24.327***
	(0.005)	(4.929)	(0.012)	(4.929)
Control	是	是	是	是
_cons	−1.1e+03	44.137***	45.617***	44.137***
	(832.947)	(0.409)	(0.493)	(0.409)
县域固定效应	是	是	是	是
时间固定效应	是	是	是	是
N	2 475	3 871	2 366	3 871
R^2		0.713	0.766	0.713

注：① ***、** 和 * 分别表示在 1%、5% 和 10% 的水平下显著；②括号中是县级层面的聚类稳健标准误。

(4) 政府规模的双刃剑作用

表 3-6 列（1）显示人工智能技术发展的系数显著为正，说明人工智能有利于数字乡村建设，为假设 1 提供了明确支持。其次，政府规模的二阶调节项显著为负，验证了政府规模在人工智能对数字乡村建设的影响中具有倒 U 形调节作用，假设 2 得到了支持。为了进一步解释政府的作用，本部分关注政府的影响在不同区域是否存在差异。

第一，政府作用的地区差异。先从东部、中部、西部地区进行异质性分析。回归结果见表 3-6。结果显示，东部、中部和西部地区人工智能

表 3-6 政府规模的双刃剑作用

	全国	东部	中部	西部	高铁开通县	非高铁开通县	数字乡村试点县	非数字乡村试点县	电子商务试点县	非电子商务试点县	返乡创业试点县	非返乡创业试点县
	(1)	(2)	(3)	(4)	(5)	(6)	(7)	(8)	(9)	(10)	(11)	(12)
AIT	0.046***	0.033***	0.132***	0.076**	0.027	0.085***	0.012	0.070***	0.055**	0.045***	0.009	0.069***
	(3.70)	(0.013)	(0.021)	(0.032)	(0.018)	(0.014)	(0.014)	(0.013)	(0.024)	(0.013)	(0.027)	(0.013)
$AIT\times Govern$	-0.000**	-0.000	-0.000	-0.000	-0.000	-0.000***	-0.000	-0.000***	-0.000***	-0.000**	-0.000	-0.000***
	(-3.04)	(0.000)	(0.000)	(0.000)	(0.000)	(0.000)	(0.000)	(0.000)	(0.000)	(0.000)	(0.000)	(0.000)
$AIT\times Govern^2$	2.03e-08**	0.000***	0.000	0.000	0.000	0.000***	0.000	0.000***	0.000***	0.000***	0.000	0.000***
	(3.37)	(0.000)	(0.000)	(0.000)	(0.000)	(0.000)	(0.000)	(0.000)	(0.000)	(0.000)	(0.000)	(0.000)
$Govern$	0.008***	0.016***	0.009*	-0.001	0.011***	0.007***	-0.010	0.009***	0.005***	0.010***	0.007	0.009***
	(5.70)	(0.002)	(0.005)	(0.003)	(0.003)	(0.002)	(0.009)	(0.002)	(0.002)	(0.003)	(0.007)	(0.002)
$Govern^2$	-0.000***	-0.000***	-0.000	-0.000	-0.000	-0.000***	0.000	-0.000***	-0.000***	-0.000***	-0.000	-0.000***
	(-5.83)	(0.000)	(0.000)	(0.000)	(0.000)	(0.000)	(0.000)	(0.000)	(0.000)	(0.000)	(0.000)	(0.000)
_cons	43.35***	53.075***	46.582***	37.919***	48.170***	42.483***	46.225***	43.286***	42.839***	45.976***	44.124***	43.112***
	(101.62)	(0.997)	(0.735)	(0.692)	(0.887)	(0.485)	(2.173)	(0.435)	(0.510)	(0.913)	(1.277)	(0.463)
Control	是	是	是	是	是	是	是	是	是	是	是	是
县域固定效应	是	是	是	是	是	是	是	是	是	是	是	是
时间固定效应	是	是	是	是	是	是	是	是	是	是	是	是
N	3 871	885	1 307	1 679	837	3 033	181	3 690	2 927	944	654	3 217
R^2	0.721	0.637	0.622	0.580	0.723	0.709	0.822	0.726	0.719	0.733	0.684	0.734

注：①***，**和*分别表示在1%、5%和10%的水平下显著；②括号中是县级层面的聚类稳健标准误。

对于数字乡村建设的影响都显著为正。表 3-6 列（2）至列（4）结果表明，政府规模对人工智能与数字乡村建设关系的倒 U 形调节作用在东部、中部和西部地区均不明显。可能因为我国不同地区的发展水平虽然梯度特征明显（余壮雄和杨扬，2014；万广华等，2022），但市场化程度较高，对政府的依赖较弱，所以政府规模的倒 U 形调节作用并不显著。

第二，政府作用与高铁开通。交通基础设施作为区域发展的重要支撑条件，其对经济提质增效的推动作用已形成学术共识（张俊，2017；文雁兵等，2022）。特别是高速铁路凭借其显著的运输效率优势，通过缩短时空距离、强化区域间互联互通，有效促进了生产要素流动与市场一体化进程。这种新型交通网络所展现的空间溢出效应与资源再配置功能，使其成为研究现代基础设施建设与区域经济发展关系的典型案例。本研究将样本划分为开通高铁的县域和未开通高铁的县域。由于各县域开通高铁是渐进的，时间并不统一，因此借鉴已有的研究（王奇等，2021），将开通高铁县变量定义为：某县域开通高铁的当年和以后各年取值为 1，否则为 0。结果如表 3-6 列（5）、列（6）所示。由结果可知，在未开通高铁的县域，当地人工智能发展能够促进数字乡村建设，政府规模在这一过程中也发挥倒 U 形的调节作用，但在高铁开通的县域，当地人工智能发展未显著促进数字乡村建设，政府规模的倒 U 形调节作用也并不显著。这可能是因为，在交通不便的地区，人工智能技术能够通过提高生产效率、优化资源配置等方式，弥补交通不便带来的发展限制，从而推动数字乡村的建设。然而，在高铁开通的县域，由于高铁的开通已经极大地改善了当地的交通条件，降低了信息和资源流动的障碍，从而减弱了人工智能技术在促进数字乡村建设中的作用。同时，政府规模的倒 U 形调节作用也不显著，这可能是因为在交通条件改善的地区，政府的调节作用相对减弱，市场机制在资源配置中发挥了更大的作用。

第三，政府作用与数字乡村政策。2020 年中央网信办等七部门联合印发了《关于开展国家数字乡村试点工作的通知》，随后又公布了《国家数字乡村试点地区名单》，确定了 117 个县（市、区）为首批国家数字乡村试点地区，为精准识别不同地区在发展数字乡村时所展现的区域特有优势、总结数字乡村建设经验提供了有益的参考。因此，本研究据此将研究样本划分为数字乡村试点县和非数字乡村试点县。实证结果如表 3 - 6 列（7）列（8）所示。结果显示，在非数字乡村试点县，当地人工智能发展能够促进数字乡村建设，政府规模在这一过程中也发挥倒 U 形的调节作用，但在数字乡村试点县，当地人工智能发展未显著促进数字乡村建设，政府规模的倒 U 形调节作用也并不显著。这可能是因为，数字乡村试点县已经具备了较好的数字化基础，人工智能技术的边际效益相对较低。此外，政府规模的倒 U 形调节作用在这些地区也不显著，可能是因为试点县的政府在数字化建设方面已经有了较为成熟的策略和机制，政府规模的变化对人工智能技术的促进作用影响较小。

第四，政府作用与电子商务。电子商务的发展可以看作是落实数字乡村战略、实现乡村振兴与共同富裕的"软环境"。随着互联网电子信息技术的日益成熟与广泛扩散（王奇等，2021），各级政府与时俱进，出台了一系列促进农村电商发展的扶持政策，以期加速农村产业融合、刺激地区经济发展、带动农户脱贫增收。其中，最为典型的便是自 2014 年开始，连续 8 年推广实施的"电子商务进农村综合示范"政策。截至 2021 年，我国总计已有 1 613 个县被纳入"电子商务进农村综合示范"建设。且在这一政策的大力支持与建设投入下，农村电商的发展环境和软硬件配套设施均得以极大改善。根据《中国电子商务报告》，农村网络零售交易额已由 2014 年的 1 800 亿元增长到了 2022 年的 2.05 万亿元，规模总体扩大了10.39 倍，连续 8 年稳步增长。未来在我国数字乡村战略继续推进的背景下，"电子商务进农村综合示范"政策在数字乡村建设方面的影响力度仍将不断扩大。因此，本研究使用商务部电子商务进农村综合示范县名单，参考王奇等（2021）的研究，将研究样本划分为电子商务试点县和非电子商务试点县。实证结果如表 3 - 6 列（9）列（10）所示。结果显示，人工智能发展能够促进数字乡村建设，这一作用在电子商务试点县和非电子商务试点县均得到了显著体现，同时政府也起到了倒U形调节作用。这可能是因为，电子商务试点县往往拥有更为成熟的电子商务环境和较为先进的信息基础设施，为人工智能技术的应用和推广提供了有利条件。而非电子商务试点县可能在这些方面相对落后，但人工智能技术具有较为广泛的适用性和强大的渗透力，仍然能够为其数字乡村建设带来积极影响。

第五，政府作用与返乡创业。为促进农民就业增收、引导要素服务"三农"发展和不断缩小城乡发展差距，各地政府积极鼓励外出农民返乡创业，并取得了良好成效（刘唐宇，2010；张若瑾等，2017；黄祖辉等，2022）。已有研究普遍认为农民返乡创业可以整合区域资源、优化产业结构、促进经济发展和增加就业（程春庭，2001；王西玉等，2003；黄祖辉等，2022）。为了更好地支持和引导外出农民返乡创业，国家发展改革委和农业部等十部委于2016年2月、12月和2017年10月分别批复设立了90、116和135个返乡创业试点地区，通过加强园区资源整合与服务平台建设、强化政策支持、项目引导和渠道对接，不断破解各种创业壁垒、促进物质与人力等资本流向试点地区并激发其内生发展动力。根据相关申报文件要求，由各省、自治区、直辖市发展改革委组织有关县（市、区）按照相关要求准备材料进行自主申报，再会同有关部门研究确定试点推荐名单，最后由国家发展改革委确定并公布试点名单，并不定时组织相关部门对试点地区进行政策绩效评估、就业监测和监督考核。各级政府的政策支持与引导极大推动了外出农民返乡创业，其中，仅2020年全国各类返乡创业人员达1 010万人，平均每个返乡创业项目可带动6.3人稳定就业和17.3人灵活就业，显现出强大的就业带动能力。因此，本研究使用返乡创业试点县名单，将研究样本划分为返乡创业试点县和非返乡创业试点县。实证结果如表3-6列（11）列（12）所示。结果显示，在非返乡创业试点县，当地人工智能发展能够促进数字乡村建设，政府规模在这一过程中也发挥倒U形的调节作用，但在返乡创业试点县，当地人工智能发展未显著促进数字乡村建设，政府规模的倒 U 形调节作用也并不显著。
这可能是因为，在返乡创业试点县，政府的政策引导、融资支持、创业培
训和市场购销信息等服务供给，能够推动数字乡村建设，使得人工智能技
术的额外贡献不那么明显。此外，返乡创业试点县可能已经形成了较为成
熟的政策环境和市场机制，使得政府规模的调节作用不那么关键。在非返
乡创业试点县，人工智能作为一种新兴技术，能够有效地弥补传统发展模
式的不足，通过提高生产效率、优化资源配置、增强信息流通等方式，促
进乡村经济和社会的数字化转型。

（5）机制分析

根据理论推断，在精明增长理论下，人工智能可能通过促进聚集效应
和聚集经济影响数字乡村建设。表 3 - 7 列（1）列（2）列（3）列（4）
结果显示，人工智能可能通过促进聚集效应和聚集经济；其次，表 3 - 8
列（1）列（2）列（3）列（4）结果显示聚集效应和聚集经济可以显著促
进数字乡村建设，假设 3 得到支持。

表 3 - 7　机制分析：第一阶段

变量	人工资本积累	知识信息共享	创新	聚集经济
	（1）	（2）	（3）	（4）
AIT	0.000***	0.002**	0.000***	0.000*
	(0.000)	(0.001)	(0.000)	(0.000)
Control	是	是	是	是
_cons	0.005	−0.067	−0.000*	4.213***
	(0.004)	(0.060)	(0.000)	(0.042)
县域固定效应	是	是	是	是
时间固定效应	是	是	是	是
N	2 583	1 959	3 989	3 989
R^2	0.046	0.455	0.633	0.743

注：①***、** 和 * 分别表示在 1%、5% 和 10% 的水平下显著；②括号中是县级层面的聚类
稳健标准误。

表 3 - 8　机制分析：第二阶段

变量	县域数字乡村指数			
	(1)	(2)	(3)	(4)
AIT	0.022***	0.020***	0.026***	0.029***
	(0.006)	(0.006)	(0.006)	(0.006)
HCA	4.802***			
	(1.531)			
KIS		1.588***		
		(0.232)		
IC			283.653**	
			(115.566)	
AE				0.879***
				(0.185)
Control	是	是	是	是
_cons	45.083***	47.443***	44.160***	40.371***
	(0.485)	(0.589)	(0.407)	(0.906)
县域固定效应	是	是	是	是
时间固定效应	是	是	是	是
N	2 475	1 886	3 871	3 871
R^2	0.764	0.705	0.717	0.718

注：①***、**和*分别表示在 1%、5% 和 10% 的水平下显著；②括号中是县级层面的聚类稳健标准误。

(6) 空间效应分析

人工智能能够基于要素流动、社会互动推动空间关系重塑，对数字乡村建设的影响效应从简单的作用关系转向复杂的空间结构整合。本研究将对人工智能影响数字乡村建设的空间效应作分析。

①双变量全局空间自相关分析。为探究人工智能与数字乡村建设是否存在空间自相关性，构建经济地理嵌套矩阵，计算样本期内人工智能和数字乡村建设的 Moran's I 指数。表 3 - 9 结果显示，数字乡村建设与人工智能的 Moran's I 指数均在 1% 水平上显著为正，表明数字乡村建设与人工智能存在一定的空间相关性。

表 3-9　人工智能技术发展与数字乡村建设的 Moran's I 指数

变量	2018	2019	2020
DV	0.170***	0.115***	0.113***
AIT	0.074***	0.073***	0.070***

注：***、** 和 * 分别表示在 1%、5% 和 10% 的水平下显著。

②估计模型识别与空间效应分解。进一步对人工智能影响数字乡村建设的空间效应进行实证检验。表 3-10 汇报了空间计量模型的检验结果。本研究利用 stata18 软件对空间计量模型予以估计，采用 Hausman 检验来对固定效应和随机效应进行选择，结果表明应选用固定效应模型进行估计。依据上文的判断原则，当 LM 检验、LR 检验以及 Wald 检验结果不一致时，应选择 SDM 模型的估计结果作为最终结果。但对于空间杜宾固定效应模型还需要确定选择个体固定效应、时间固定效应还是双向固定效应，通过 LR 检验来判断其选择。零假设分别为个体固定效应和时间固定效应的 LR 检验结果显示均拒绝原假设，即选择双向固定效应最佳。表 3-10 给出了上述检验结果。因此，综合来看建立双向固定效应的空间杜宾模型探究人工智能影响数字乡村建设更符合客观事实。

表 3-10　计量模型检验

变量	统计量	自由度	p 值
Hausman 检验	−10.68	52.16	0.000
LM 检验（SEM）	1 970.558	1	0.000
LM 检验（R-SEM）	971.984	1	0.000
LM 检验（SLM）	1 131.825	1	0.000
LM 检验（R-SLM）	133.251	1	0.000
LR 检验（SEM，SDM）	−8.65	−242.60	1.000 0
Wald 检验	−5.11	54.03	0.000 0
LR 检验（个体，双向）	−154.42	12	1.000
LR 检验（时间，双向）	7 338.49	12	0.000

本研究进一步采用偏微分方程来检验变量的直接效应和空间溢出

效应，SDM 的估计结果如表 3 - 11 所示。可以看出，人工智能对数字乡村建设的直接效应显著为负，但溢出效应与总效应均不显著。这表明人工智能对本区域数字乡村建设产生了负面影响，且未通过地理空间邻接产生溢出效应。假设 4 未得到支持。

表 3 - 11　空间效应的 *SDM* 模型回归及其效应分解结果

	Main	W	直接效应	溢出效应	总效应
AIT	−0.049***	0.009	−0.049***	−1.301	−1.350
	(0.005)	(0.045)	(0.005)	(3.726)	(3.728)
URO	−0.000	−0.000	0.002	4.572	4.574
	(0.004)	(0.004)	(0.008)	(14.021)	(14.028)
TEL	0.000***	0.000***	0.000*	0.015	0.015
	(0.000)	(0.000)	(0.000)	(0.048)	(0.048)
STL	0.256	0.256	0.572	532.341	532.913
	(0.194)	(0.194)	(1.025)	(1 859.500)	(1 860.502)
SAV	−0.114	−0.114	−0.124	27.603	27.479
	(0.126)	(0.126)	(0.159)	(152.908)	(152.971)
ρ	0.962***				
N	5 622				
R^2	0.088				

注：①***、**和*分别表示在 1%、5% 和 10% 的水平下显著；②括号中是县级层面的聚类稳健标准误。

③空间效应的异质性。从区域方面来看，中国幅员辽阔，地区间发展各异，促进区域共同富裕需要持续增强区域协作、优化空间治理实践。因此，基于区域发展视角探索人工智能对数字乡村建设影响的空间异质性，结果如表 3 - 12 所示。由此可知，只有在非返乡创业试点县，人工智能对数字乡村建设的影响存在空间溢出效应。假设 5 勉强得到了支持。

表3-12 空间效应的异质性检验

	东部	中部	西部	高铁开通县	非高铁开通县	数字乡村建设试点县	非数字乡村建设试点县	电子商务试点县	非电子商务试点县	返乡创业试点县	非返乡创业试点县
	(2)	(3)	(4)	(5)	(6)	(7)	(8)	(9)	(10)	(11)	(12)
AIT	-0.040***	-0.069***	-0.026	-0.050***	-0.039***	-0.008	-0.059***	-0.010	-0.055***	-0.010	-0.054***
	(0.005)	(0.023)	(0.027)	(0.006)	(0.009)	(0.014)	(0.005)	(0.020)	(0.004)	(0.010)	(0.005)
直接效应	-0.045**	-0.066**	-0.026	-0.050***	-0.036*	-0.008	-0.059***	-0.011	-0.055***	-0.009	-0.055**
	(0.018)	(0.025)	(0.030)	(0.006)	(0.018)	(0.014)	(0.005)	(0.020)	(0.004)	(0.009)	(0.005)
溢出效应	-2.224	1.738	-0.010	-0.048	4.178	-0.022	0.319	-0.141	0.200	0.184	0.034**
	(8.036)	(5.486)	(9.559)	(0.238)	(22.51)	(0.061)	(3.810)	(1.872)	(0.364)	(0.147)	(0.017)
总效应	-2.270	1.672	-0.036	-0.099	4.141	-0.030	0.260	-0.152	0.145	0.174	-0.020
	(8.053)	(5.496)	(9.572)	(0.237)	(22.53)	(0.052)	(3.812)	(1.877)	(0.363)	(0.143)	(0.017)
$Control$	是	是	是	是	是	是	是	是	是	是	是
ρ	0.936***	0.705***	0.920***	0.463**	0.868***	-0.313	0.952***	0.433**	0.796***	0.300*	3.350***
	(0.036)	(0.137)	(0.045)	(0.199)	(0.071)	(0.328)	(0.027)	(0.186)	(0.104)	(0.181)	(0.053)
N	1,404	1,746	2,472	1,290	4,332	255	5,367	897	4,725	837	4,785
R^2	0.004	0.072	0.123	0.079	0.239	0.097	0.156	0.183	0.240	0.006	0.147

注：①***，**和*分别表示在1%，5%和10%的水平下显著；②括号中是县级层面的聚类稳健标准误。

3.2.3 结论

本研究基于工商注册信息、CSMAR 经济金融研究数据库和县域宏观数据，构建了 2018—2020 年全国 31 个省、自治区、直辖市（不含港澳台）的 1 874 个县区的县域面板数据，通过分析得到了如下结论：第一，人工智能有利于提升数字乡村建设水平，经过内生性检验和稳健性检验后结论依然成立。进一步分析表明，人工智能对数字乡村建设各维度的积极效果都得到了证明。第二，政府规模在人工智能与数字乡村建设的关系中具有倒 U 形的调节作用，即在政府规模较小时，随着政府规模增大，人工智能与数字乡村建设的正向关系会增加；当政府规模达到一定水平之后，继续扩大政府规模会削弱人工智能与数字乡村建设的正向关系。进一步的分析表明，在开通高铁的县域和非返乡创业试点县域，政府规模在人工智能与数字乡村建设的关系中具有倒 U 形的调节作用更加明显。第三，人工智能通过聚集效应和聚集经济间接促进数字乡村建设。第四，人工智能对数字乡村建设的影响不具有空间溢出效应，但在非返乡创业试点县域人工智能对数字乡村建设的影响存在空间溢出效应。

3.3 政策启示

3.3.1 推动人工智能与数字乡村建设的深度融合

（1）加强基础设施建设

在推动人工智能嵌入数字乡村建设的过程中，加强基础设施建设是首要任务。政府应加大对乡村地区人工智能基础设施的投入，包括网络设施、数据中心等，为人工智能技术在乡村的应用提供坚实的基础保障。只有具备完善的基础设施，才能确保人工智能技术在乡村地区的顺利落地与高效运行。例如，高速稳定的网络设施能够支持智能农业设备的远程监控与数据分析，而数据中心则可以为乡村电商的大数据分析和精准营销提供强大的计算能力。这些基础设施的完善将为人工智能技术在乡村的广泛应用奠定坚实基础。

（2）促进技术应用与创新

促进技术应用与创新是实现人工智能嵌入数字乡村建设的关键环节。应鼓励企业、科研机构和高校积极开展人工智能在数字乡村建设中的应用研究，推动人工智能技术在农业生产、农村电商、乡村治理等领域的广泛应用。在农业生产中，人工智能可以通过精准农业技术实现作物生长监测、病虫害预警和智能灌溉，提高农业生产效率和质量；在农村电商领域，人工智能可以优化物流配送路径、提升用户体验，助力农产品销售；在乡村治理方面，人工智能技术可以实现智能安防监控、环境监测和公共服务管理，提升乡村治理的精细化水平。通过这些领域的广泛应用，人工智能技术将为数字乡村建设注入强大动力，推动乡村经济社会的全面发展。

（3）提升农民数字素养

提升乡村居民和基层干部的数字素养也是实现人工智能嵌入数字乡村建设不可或缺的一环。乡村居民是数字乡村建设的主体，只有他们具备足够的数字素养，才能更好地利用人工智能技术改善生活和生产条件。政府应加强对乡村居民和基层干部的人工智能知识培训，提高其数字素养和技术应用能力。例如，通过培训，农民可以学会使用智能农业设备，提高农业生产效率；乡村居民可以掌握电商平台的运营技巧，拓宽农产品销售渠道。基层干部则是数字乡村建设的组织者和推动者，他们的数字素养直接影响到政策的落实和项目的推进。通过提升基层干部的数字素养，能够更好地引导乡村居民参与数字乡村建设，推动人工智能技术在乡村地区的广泛应用，从而实现乡村经济社会的可持续发展。

3.3.2 优化政府规模与职能

（1）合理控制政府规模

在推动人工智能嵌入数字乡村建设的进程中，优化政府规模与职能是实现二者良性互动的关键环节。上文研究表明，政府规模与人工智能对数字乡村建设的促进作用之间存在倒 U 形关系，即政府规模在一定范围内能够强化这种促进作用，但当政府规模超过临界点时，反而会削弱其正向影响。因此，政府需要在科学评估的基础上，精准调整政府规模，避免过度扩张对人工智能与数字乡村建设的正向关系产生负面影响。

（2）优化政府职能

优化政府职能是提升乡村治理效能的重要举措。政府应从传统的直接干预模式转向以服务与引导为核心的新模式，通过加强政策支持、市场监管和公共服务，为人工智能与数字乡村建设营造良好的政策环境和市场环境。具体而言，政府可以通过制定优惠政策，鼓励企业、科研机构和高校加大对人工智能在乡村领域的研发投入，推动技术创新与应用；通过完善市场监管机制，规范市场秩序，保障人工智能项目的健康发展；通过提供公共服务，如基础设施建设、人才培训等，为数字乡村建设提供有力支撑。这种职能转变不仅有助于激发市场活力，还能充分发挥人工智能在数字乡村建设中的潜力。

（3）差异化政策制定

差异化政策制定是实现精准施策的重要途径。针对开通高铁的县域和非返乡创业试点县域，政府应制定更具针对性的政策，充分发挥其在人工智能与数字乡村建设关系中的倒 U 形调节作用。开通高铁的县域往往具有更好的交通条件和经济联系，能够更便捷地获取外部资源和技术支持，因此政府应重点引导人工智能技术在这些地区的应用，推动数字乡村建设与区域经济的协同发展。而非返乡创业试点县域则需要通过政策引导，吸引人才回流，利用人工智能技术提升乡村产业竞争力，促进乡村经济的多元化发展。通过这种差异化政策，政府可以更好地发挥调节作用，推动数字乡村建设的快速发展，缩小区域间的发展差距，实现乡村振兴战略的全面落地。

3.3.3　发挥人工智能的聚集效应

（1）推动产业集聚

在推动数字乡村建设的过程中，充分发挥人工智能的聚集效应是实现乡村经济转型升级和高质量发展的关键路径。政府应积极引导人工智能相关产业向乡村地区集聚，形成产业集群，发挥聚集效应和聚集经济的优势。通过打造人工智能产业集聚区，乡村地区可以吸引更多的技术、人才和资金资源，促进数字乡村建设的快速发展。例如，深圳前海通过建设人工智能产业集聚区，吸引了众多人工智能企业入驻，形成了涵盖智慧金融、智慧物流、智能制造等多领域的产业集群，为区域数字化转型提供了强大动力。类似地，乡村地区可以通过政策引导和基础设施建设，吸引人工智能企业设立研发中心或分支机构，推动乡村产业的智能化升级。

（2）加强区域合作

加强区域合作是实现人工智能嵌入数字乡村建设协同发展的重要手段。乡村地区应与城市及其他乡村地区开展广泛合作，共享人工智能技术和资源，实现优势互补。例如，通过与城市的科研机构和企业合作，乡村地区可以获取先进的技术和管理经验，提升自身数字化水平；同时，乡村地区也可以利用自身的自然资源和特色产业，为城市提供农产品、生态旅游等服务，形成互利共赢的局面。此外，区域间的合作还可以通过共建数字平台、共享数据资源等方式，打破信息壁垒，推动数字乡村建设的协同发展。

（3）培育创新生态

培育创新生态是为人工智能嵌入数字乡村建设提供持续动力的关键。政府应营造良好的创新创业环境，吸引人工智能企业和人才向乡村地区流动。可以通过建设创新创业园区、提供政策支持和资金扶持，促使乡村地区吸引更多的创新型企业入驻，激发乡村经济的活力。例如，中关村科服公司通过布局人工智能赛道，打造了涵盖算力、模型开发、应用服务等全产业链的创新生态，为人工智能与行业应用的深度融合提供了有力支撑。乡村地区可以借鉴这种模式，结合自身特色资源，培育具有乡村特色的创新生态，推动数字乡村建设的可持续发展。

3.3.4 关注人工智能的空间溢出效应

（1）加强非返乡创业试点县域建设

在推动数字乡村建设的过程中，关注人工智能的空间溢出效应并促进区域协调发展，是实现乡村振兴和共同富裕的重要路径。应加强非返乡创业试点县域的人工智能技术应用推广。研究表明，人工智能对数字乡村建设的影响，不仅影响本地，还会波及邻近地区。因此，在非返乡创业试点县域，政府应加大对人工智能技术的推广力度，充分发挥其对数字乡村建设的空间溢出效应，通过技术扩散和示范作用，带动周边地区数字乡村建设的发展。例如，通过建设人工智能应用示范点，推广智能农业、智慧物流等应用场景，提升区域整体数字化水平。

（2）制定区域协调发展战略

政府应制定区域协调发展战略，促进人工智能技术在不同县域之间的均衡发展。当前，数字乡村建设呈现出区域不平衡的特征，东部地区领先，中部地区跟随，而西部和东北地区发展较慢。这种不平衡可能导致数字鸿沟进一步扩大，阻碍区域协调发展。因此，政府需要通过政策引导，优化资源配置，缩小区域之间数字乡村建设水平的差距。例如，可以加大对中西部地区和偏远地区的财政支持和技术援助，鼓励发达地区与欠发达地区开展对口帮扶，推动人工智能技术在更多县域落地生根。

（3）加强空间规划与布局

加强空间规划与布局是提高数字乡村建设整体效益的关键。应结合县域的空间特点和资源禀赋，合理规划人工智能技术的应用布局，避免重复建设和资源浪费。例如，在农业资源丰富的地区，重点推广智能农业技术；在旅游资源丰富的地区，推广智慧旅游技术的应用。同时，应充分考虑人工智能的空间溢出效应，通过科学规划，促进区域间的协同发展。例如，通过建立区域数字乡村联盟，共享数据资源和技术平台，形成优势互补的发展格局。

3.3.5　加强政策评估与动态调整

（1）建立评估机制

在推动人工智能嵌入数字乡村建设的过程中，加强政策评估与动态调整是确保政策科学性、有效性和适应性的关键环节。建立科学的评估机制是实现政策优化的基础。政府应构建动态的人工智能研发应用评估机制，定期对政策实施效果进行全面评估。通过评估，能够及时发现政策执行过程中存在的问题，如资源配置不合理、技术应用不充分等，并据此调整政策方向，确保政策能够精准地服务于数字乡村建设的目标。一些国外的先进经验也可以借鉴，例如，美国通过《人工智能政策评估》报告，从多个维度对人工智能政策的实施效果进行评估，并提出针对性的改进建议。我国也应该早日建立相应的政策评估机制，这将有助于在政策实施过程中及时发现问题并进行调整，避免政策偏差对数字乡村建设造成不利影响。

（2）动态调整政策

动态调整政策是应对人工智能技术快速发展的必然要求。随着人工智能技术的不断进步和数字乡村建设需求的持续变化，政策内容和力度需要相应地进行动态调整。政策的调整应以数据为基础，结合人工智能技术的特点和乡村发展的实际需求，灵活调整政策工具。例如，针对不同地区的数字乡村建设水平差异，政策应更具针对性和灵活性，通过优化政策工具结构，确保政策能够有效推动人工智能技术在乡村地区的应用。同时，政策调整还应注重前瞻性和适应性，提前布局人工智能技术在乡村治理、智慧农业等领域的应用，以应对未来可能出现的技术变革和市场需求变化。

（3）加强政策协同

加强政策协同是形成政策合力、推动人工智能嵌入数字乡村建设的关键。当前，数字乡村建设涉及多个部门和领域，政府应通过建立跨部门协调机制，确保各部门在人工智能与数字乡村建设方面的政策相互支持、相互补充，避免政策冲突和资源浪费。例如，在基础设施建设方面，通信部门、农业部门和科技部门应协同推进农村地区网络基础设施建设，为人工智能技术的应用提供支持。在产业发展方面，应通过政策引导，促进人工智能技术与农村电商、智慧农业等领域的深度融合，形成协同发展的良好局面。

实践篇

4 国外人工智能助推数字乡村建设的
模式与经验 /////////////////////////////

从全球趋势看，随着 5G、物联网、大数据、云计算等信息通信技术的发展，世界各国都重视人工智能技术在农业农村领域的应用，一些国家将数字化战略列为农业发展重点，将人工智能技术广泛融入农业农村发展的各环节，其中许多做法值得借鉴。国外人工智能助推数字乡村建设的模式和经验，能够为我国数字乡村建设提供新的思路，且通过研究国外模式与经验，也可以发现潜在的技术合作机会，共同推动人工智能等技术在数字乡村建设中的创新发展，从而促进农业增效、农民增收、农村增色，推动乡村振兴战略的实施。

4.1 美国人工智能助推数字乡村建设的模式与经验

4.1.1 美国基于优质农村信息服务体系的人工智能助推数字
乡村建设的模式

美国作为世界第一大经济体，城镇化、农业现代化以及信息化水平均位居世界前列。依托高度农业信息化，美国实现了以 1% 的农业人口维持庞大的农业生产体系，并且随着农业农村信息网络基础建设工程的不断推进，城乡间信息鸿沟也逐渐缩小，以实现美国"城乡等值化"愿景。

（1）人工智能驱动智慧农业发展

美国农业主要是大型农场经营，农业高度发达，机械化程度很高，主要有畜牧业和耕作业两大部分。首先，人工智能减少了劳动力使用成本。位于艾奥瓦州首府附近的金伯利农场始建于 1850 年，农场耕地面积为

3 万亩*，主要生产玉米和大豆，它是美国高度现代化农场的典型代表，获得了"拉动粮食生产的火车头"荣誉称号。在现代机械手段和人工智能装备辅助下，占地 3 万亩的金伯利农场内只有 4 人在工作。其次，人工智能可以帮助农民降低生产成本。使用人工智能可以帮助农民扫描农田并监控生产周期的每个阶段，促使农民能够做出基于数据的决策，而无须亲自走遍整个农场进行调查。IBM Weather Company 通过将世界上准确的天气数据与行业领先的人工智能、物联网和分析技术相结合，向全球的消费者和企业提供个性化和可行的见解。他们的解决方案不仅帮助了新闻播音员、飞行员、能源贸易商等群体，也为农民提供了关于天气对其业务影响的见解，帮助他们做出更明智的决策来提高安全性、降低成本并增加收入。此外，人工智能也被用于虫害预测模型中，提前识别虫害风险。常见的虫害，如小叶蝉、蓟马、白粉虱和蚜虫，可能对农作物造成严重损害并影响产量。有关虫害可能性的指导将帮助农民采取预防措施，减少因虫害造成的农作物损失。谷歌训练的人工智能已经能够识别 5 000 种动植物，这极大地提高了无人机检测病虫害和农作物损害的能力，使农民能够更快、更准确地监测农田并了解一段时间内的病虫害模式。

（2）人工智能推动农村信息服务体系构建

美国自 1850 年开始城市化运动至今，已经完成了从传统农业社会向工业社会和信息社会的转变历程，其工业化、城镇化、信息化与农业现代化水平在全球居于前列。完善的农村信息服务体系为美国数字乡村工程的推进提供了必要条件。借助农业农村信息网络基础工程，美国已初步搭建了以物联网、卫星网、互联网等信息网络为骨干的优质农业信息服务体系，有力地支持了城乡数字化建设。据美国政府发布的统计资料显示，自 20 世纪 50 年代开始，美国政府便着手实施农业农村信息化建设工程。目前，美国已经形成了以农业部及其附属机构为核心，44 个州农业部门为分支，集数据采集、产前产中预测、减灾防灾等多种服务形式于一体的农

---

* 亩：1 亩＝1/15 公顷。

村信息服务体系。据统计，2017年美国通过互联网开展业务的农场占比达到了62%，一些大型农业巨头和信息服务公司，如孟山都、杜邦、迪尔公司、Farmlogs和Solum等纷纷推进基于大数据的农村商业化信息传播与服务模式，极大提升了美国农业生产的数字化水平。

产业方面，完善的农业产业基础和人工智能技术促进了美国现代农业的发展。自20世纪90年代起，美国已开始应用数字农业技术，包括应用遥感技术对作物生长过程进行监测和预报、在大型农机上安装GPS设备、应用GIS处理和分析农业数据等。21世纪初已经实现了"3S"技术、智能机械系统和计算机网络系统在大农场中的综合应用。普渡大学的一项研究显示，截至2015年，美国有超过83%的农场采用了精准农业技术，82%以上的农场使用了GPS自动导航技术。同时，美国建设了PEST-BANK数据库、BIOSISPREVIEW数据库、AGRIS数据库、AGRICOLA数据库等一系列与农业有关的数据库，形成完善的以卫星网、互联网、物联网、遥感网等为支撑的农业信息服务网络。农业科技和数字技术对美国农业发展的贡献明显，美国农业人口仅为800万人，但每年平均出口约1.15亿吨粮食，占世界粮食市场高达50%左右的份额。

城乡发展方面，美国的农村社区一直在努力获得远程教育、远程医疗服务、远程工作等机会，这些对农村社区产生了深远影响。2000年，美国联邦农业部乡村发展办公室公布了乡村建设的一系列政策，并许诺通过财政资助来帮助美国乡村社区改善经济和生活质量。其中，包括乡村通信设施、乡村电子医疗网络和远程教育网络设施等数字化建设内容。资助采用拨款和贷款两种形式，其目的是使政府与私人公司在建设中形成公私合作关系。如果一个社区越是偏远、人口越稀少、收入越低下，那么它可能得到的资助就越高。例如美国国家科学基金会（NSF）和美国农业部（USDA）资助，东北大学和非营利机构Ignite共同领导的高级无线研究平台（ARA）项目。ARA作为面向智能互联农村社区的无线生活实验室，不仅探索农村宽带的不同交付模式，同时开发和部署创新解决方案，例如精准农业、教育、健康、清洁能源、自动驾驶汽车等。ARA涉及爱荷华州中部的 3 个县近 600 平方英里*的宽带覆盖区域，包括多个学区和 6 个农村社区。项目合作伙伴包括爱荷华州立大学、ISU 研究院、艾姆斯市、布恩社区学区、爱荷华州通信网络、爱荷华州区域公用事业协会、US Cellular 等。

(3) 人工智能设施的应用推动数字乡村建设

美国在数字乡村建设中的人工智能设施应用较为广泛且成效显著，涵盖了精准农业、智能设备、农业数据库、农业机器人等多个方面。精准农业技术设施是美国乡村建设的重要组成部分。其中，GPS 自动导航技术在农场中得到了广泛应用，截至 2015 年，超过 82% 的农场使用了该技术，使农业机械能够在田间自动行驶，提高作业效率和精度。此外，可变速率技术（VRT）也被广泛应用于播种、施肥等农场任务，通过调整使用量来优化资源分配，降低生产成本。遥感监测设备如无人机、卫星等被用于收集农田的植被指数、土壤湿度等信息，以便更好地了解农田状况并做出科学决策。智能农业设备方面，自动驾驶拖拉机等设备的应用日益普及。迪尔公司（Deere & Company）开发的全自主 8R 拖拉机，结合了 GNSS 技术、传感器和计算机视觉，能够在田间以精确到厘米的精度进行种植作业。同时，智能播种设备如能够检测播种沟里的状况并实时传输数据的设备，帮助农民及时调整播种速度或清垄器深度，进一步提高了播种的精准性和效率。

农业数据库与信息系统在美国数字乡村建设中也发挥了重要作用。美国建设了 PESTBANK、BIOSISPREVIEW、AGRIS、AGRICOLA 等一系列与农业有关的数据库，形成了完善的农业信息服务网络。这些数据库为农业生产提供了丰富的数据支持，农民可以利用这些数据进行科学决策和精准管理。此外，农田管理应用程序如 BASF 的 xarvio Field Manager 等，将收集到的图像数据与农业知识相结合，为农户提供农作物养护的具体建议，进一步提升了农业管理的智能化水平。

---

* 英里：1 英里＝1.609 34 千米。

农业机器人也是美国数字乡村建设中的一大亮点。采用 See 和 Spray 技术的除草机器人可以识别植物和有害杂草之间的差别，并在正确的位置精准施用小剂量除草剂，有效减少了除草剂的使用量，降低了环境污染风险。同时，采摘机器人如新型灵巧的苹果采摘机器人正在研发和测试中，它采用数字转向控制，能够从树上人力难以够到的地方准确摘下苹果，提高了采摘效率和质量，为农业生产的自动化和智能化提供了有力支持。

（4）数字乡村建设的政策支持

美国政府制定了一系列政策法规，构建了较为完善的顶层设计与政策体系，为数字乡村建设提供了有力保障。在立法方面，美国政府制定了一系列与农村发展和数字乡村建设相关的法律法规。《农村电气化法》的实施标志着美国乡村发展政策的开启，之后陆续出台了一系列法律，如《农产品信贷公司特许法》《联邦农业完善和改革法》《农业安全与农村投资法案》等。这些法律不仅涵盖了基础设施投资、自然环境保护、商业服务合作、社区可持续发展等方面，还为乡村发展政策资金投入的连贯性和平稳性提供了强制性保障。

在政策制定方面，美国政府通过农业法案等政策文件，明确了数字乡村建设的目标、任务和措施。《2014 年农业法案》确定了 2014—2018 财年的农业政策体系，其中农村发展政策单独成章，涉及建设投资农村宽带设施、水和污水处理设施，支持农业增值和农村商业活动，扶持落后农村社区等内容。此外，美国政府还通过设立专门的乡村发展管理机构——农业部乡村发展署，负责研究制定乡村振兴的政策和长期规划，组织实施乡村振兴相关项目。

在政策执行方面，美国政府注重政策执行的灵活性和不同政策间的协调配合。如美国农村住宅服务局通过赠款、直接贷款和担保贷款等多种支持方式，为乡村提供安全住房和改善社区基础设施。同时，美国政府还通过与地方政府、社会团体和私人企业的合作，形成公私合作关系，共同推进数字乡村建设。

4.1.2　美国模式对我国人工智能助推数字乡村建设的启示

（1）加强智慧农业技术的研发与应用

美国通过人工智能技术实现了农业生产的智能化和精准化，显著降低了劳动力成本。因此，我国应加大研发投入，开发适合国情的农业人工智能技术，推动农业智能化转型。同时，建立农业大数据平台，整合气象、土壤、作物等数据，开发智能决策支持系统，提升农业决策的科学性。此外，要加强病虫害预警与防治技术的研发，利用人工智能和大数据分析病虫害历史和实时数据，提供预警和防治方案，减少农药使用，保障粮食安全和保护生态环境。

（2）构建完善的农村信息服务体系

美国通过农业农村信息网络基础建设工程，构建了优质信息服务体系，为数字乡村建设提供了有力支撑。我国需加大投入，提升农村信息网络的覆盖率和稳定性，为数字乡村建设提供坚实的信息基础设施支撑。在此基础上，整合涉农信息资源，建立统一平台，打破信息孤岛，实现高效共享，为农民提供全面信息服务。同时，推动信息服务商业化，鼓励企业参与开发农产品价格预测、市场趋势分析等商业服务模式，助力农民和农业企业把握市场动态，提升竞争力。

（3）注重人工智能设施的应用与推广

美国广泛应用人工智能设施，提高了作业效率和资源利用。我国应加快精准农业技术设施研发和推广，开发适合国情的设备，助力农业精准化发展。同时，加强智能农业设备研发，突破关键技术瓶颈，提高设备可靠性和易用性，促进智能化升级；加大农业机器人研发力度，突破识别和控制技术难题，提高机器人智能化水平和适应性，降低劳动强度和成本，提升农业劳动生产率。

（4）完善政策支持与保障体系

美国通过一系列法律法规保障数字乡村建设，为我国提供了立法借鉴。我国应加快相关立法，明确权利和义务，规范数据管理，保障农民利

益和数据安全。同时，制定人工智能赋能数字乡村建设的政策规划，明确
阶段目标、重点任务和保障措施，引导有序推进，促进传统农业向数字
化、智能化转型。在政策执行方面，建立协同推进机制，加强部门协作，
形成合力。创新执行方式，采用公私合作模式，吸引社会资本投入，提高
效率和可持续性。

4.2　日本人工智能助推数字乡村建设的模式与经验

4.2.1　日本基于政策协同的人工智能助推数字乡村建设的模式

日本农村面临农地稀缺、资源匮乏、严重的空心化和老龄化等困境，
制约了其农业农村发展进程。因此，日本高度重视人工智能技术的研发与
应用，通过一系列政策措施的协同配合，有效推进了数字乡村建设进程。

（1）完善相关规章制度

日本在数字乡村建设中制定了一系列政策，来推动数字技术在农业领
域的应用和推广。在数字基础设施建设方面，日本早在 20 世纪 90 年代初
便启动了"21 世纪农林水产领域信息化"计划，投入大量资金用于农村
地区的数字基础设施建设，包括光纤网络、移动通信网络等，为数字乡村
建设奠定了坚实基础。同时，日本政府通过实施一系列政策，确保农村地
区能够实现高速、稳定的网络连接，为后续数字技术的应用与推广提供了
必要的条件。在农业生产方式变革方面，日本政府通过政策引导，鼓励农
业生产者采用数字技术，推动农业生产方式的变革，提高数字技术的使用
效率。此外，日本政府还制定相关政策，支持智慧农业的发展，包括无人
机技术的应用、机器人与人工智能的应用以及物联网的应用等，来提高农
业生产效率。在人工智能技术应用推广方面，日本第 213 届国会通过了
《关于推广使用智能农业技术提高农业生产率的法案》①，来促进智能农业

---

① 根据日本农林水产省的定义，智能农业是指利用机器人、人工智能和物联网等先进技术的
农业。

技术的使用。该法案指出通过引入新的农产品生产方法和智能农业技术，为农业的可持续发展和确保人民稳定的粮食供应作出贡献。政府还为智能农业技术的开发和供给、支援经营者制度提供政策支持，包括金融、税务等多方面的优惠措施，鼓励企业和研究机构开发和推广智能农业技术。此外，日本政府积极推动农业发展中的数据共享，促进智慧农业和绿色农业发展，建立了完善的市场信息服务系统，为农产品的流通和销售提供数据支持。通过推动乡村信息化基础设施建设普及，提升乡村公共服务质量和增进农民现代文明生活水平。在城乡融合与乡村振兴方面，日本政府 2015 年实施的《对流促进型国土形成计划》，通过放宽农地持有资格限制，以经营法人化、6 次产业化加速城乡经济融合，推进农村数字化转型，为全过程食品安全追溯、城乡居民在线沟通、吸引城市居民定居提供便利。同时，日本 2015 年发布的《城市农业振兴基本法》支持在城市建设市民农园和农业体验园，将城乡融合场所从农村延伸到了城市；2021年《人口稀疏地区可持续发展特别支援措施法》强化财政资金保障、基础设施建设、医疗福利、信息化教育等政策。这些政策的制定和实施，为日本人工智能助推数字乡村建设提供了有力的支持和保障，推动了日本农业的现代化进程。

（2）加大对农业从业者的人工智能技术的培训力度

日本以现代化目标为导向培育高素质农民，包括完善培育体系、创新培育形式、重视数字素养提升等。在政府主导和农林水产省统筹的基础上，与教育部门及社会组织合作，推行了全民、终身的农业职业教育体系，大幅提升了农民的人工智能使用技能素养。此外，2022 年日本提出《"技能重塑"计划》，投资 1 万亿日元支持数字化转型、绿色转型等新兴领域的相关技能重塑，支持以企业为主体开展员工技能重塑，促进企业与产业之间的劳动力流动和职业岗位转换。日本数字厅联合总务省、厚生劳动省等部门建设"数字人才培育平台"，制定数字技能水平评测标准，完善在线教育内容，与企业联合开展数字人才研修项目。此外，日本政府近几年强调在公务员队伍中提高数字技术相关专业人员录用比例，设立数字技能岗位，增加政府数字人才储备。另外，日本开发了第一个教授农业专业知识的 AI 系统，并进行示范实验，实验在三重县完成，将向日本全国推广。该系统不仅能够在互联网上收集信息，还可以从全国各地的农业机构和生产地点的专业信息中收集信息，并向使用 AI 的农民提供更准确的知识和技术辅导。

（3）强化人工智能技术的应用推广

日本政府还通过补贴的形式，推动农村地区数字化设备与人工智能设施的普及与推广，完善涉农信息服务体系，加强数字化农业装备的推广力度，进一步加速了乡村数字化建设的进程。首先，日本政府早在 21 世纪初就开始对中小企业应用 IT 技术进行财政补贴。近几年来，实施"IT 导入事业"，增加了"IT 导入补助金"。例如，2016 年预算额为 100 亿日元，补助上限 100 万日元，补助率为 2/3 以内；2017 年预算额为 500 亿日元，补助上限 50 万日元，补助率为 1/2 以内；2018 年，预算额 1 100 亿日元，补助上限分成两档：A 类项目上限 150 万日元，B 类项目 450 万日元。这些补助促进了中小企业对引进 IT 的投资。其次，日本政府对农协购置农机具、加工设施等给予高额补贴，中央财政补贴 50%，地方政府根据财政情况提供 20%～30%，剩余的 20%～30%农协可向政策性金融机构申请长期贴息贷款。再次，日本政府实施信息化基础设施建设项目，对于中标团体，给予 200 万日元以下的补贴，用于与项目相关的人员工资、差旅费、设备购置费等科目，推动农村信息化建设。

（4）支持建立新型农业服务公司

在日本，智慧农业技术的应用不仅提高了农业生产效率，还为解决劳动力短缺等问题提供了新的途径。而新型农业服务公司的兴起，为智慧农业的发展注入了新的活力。无人机农药喷洒作业已在日本滋贺县农田中实现规模化应用，其作业效率达到每公顷仅需 10 分钟。农户只需向当地名为"隐者工作"的新型农业服务公司提供农田位置、作物种类、喷洒需求等信息，即可获得从农药购买、稀释到无人机作业的一条龙服务。目前，该公司已在全国设有 70 个服务点，为农户提供涵盖药剂采购、溶液配制及精准施药的全流程解决方案。值得注意的是，其服务范围已从基础作业延伸至农业大数据领域，通过搭载多光谱成像设备的无人机系统实时监测作物表型特征，运用机器学习算法建立生长模型，有效优化施肥施药决策机制，显著降低了传统耕作模式对直觉和经验的依赖。

面对智慧农业装备高昂的初始投资成本，日本政府通过财政补贴、税收优惠等政策工具组合，构建起覆盖率达 82％的农业技术推广体系。政策激励显著提升了服务型企业的市场渗透率，2020 年统计数据显示，新型农业服务组织已实现年均 37％的增长率，服务内容涵盖智能装备租赁、精准农情分析及全周期田间管理等多元业态。农林水产省数据显示，农业核心从业者数量在 2010—2020 年间锐减 33.6％，其中青壮年劳动力占比已不足 49.3％。可以看出，这种制度创新有效破解了农业劳动力持续萎缩的发展困境。

市场机制的深化推动催生了跨界融合的产业生态。九州电力公司建设了 6 500 平方米的"上寺草莓园"智能草莓种植系统，示范性应用物联网环境调控技术，其基于强化学习算法开发的光合作用调控模块，成功实现作物生长周期与市场需求的动态匹配。这种产学研协同创新模式不仅带来单产提升 42％的技术效益，更形成可复制的智慧农业示范模板。据矢野经济研究所预测，日本智慧农业市场规模将保持 19.8％的复合增长率，至 2027 年达到 606 亿日元规模，其中农业服务类企业贡献率预计超过 68％。

4.2.2　日本模式对我国人工智能助推数字乡村建设的启示

（1）构建多维度政策协同体系

日本经验表明，构建多维度政策协同体系是数字乡村建设的首要任务。我国需强化顶层设计，制定覆盖基础设施、技术研发、人才培养的数字乡村建设的政策体系，整合财政补贴、税收优惠、金融支持等政策工具。同时，应深化城乡融合机制，借鉴《对流促进型国土形成计划》和《城市农业振兴基本法》，通过土地制度创新促进要素双向流动，设立城乡数字协同发展试验区，完善农产品溯源系统与电商平台对接。此外，需健全农业数据共享机制，建立全国性农业大数据平台，破除部门数据壁垒，形成覆盖生产、流通、消费的全链条数据服务体系，为智慧农业和绿色农业提供支撑。

（2）构建现代农民培育体系

日本通过全民终身教育体系和"技能重塑"计划，大幅提升了农民的人工智能使用技能素养。我国可以借鉴其经验，构建"职业院校＋企业实训＋在线平台"三位一体的培训体系，将数字技能纳入高素质农民认证标准，开发 AI 农业知识辅助系统，推广"田间课堂＋云端教学"混合培训模式。同时，需完善激励机制，在基层农技队伍中增设数字技术岗位，对取得数字认证的农民给予创业贷款贴息等支持。借鉴日本公务员数字化改革经验，还应加强政府数字人才储备，提高专业技术岗位比例，形成"政产学研"联动的培育生态。

（3）创新数字基础设施建设模式

日本分阶段推进数字基础设施建设的实践值得借鉴。我国可实施"中央引导＋地方配套＋社会参与"的梯度投入策略，设立数字乡村新基建专项基金，加大对农村地区数字化设备和人工智能设施的财政补贴，降低农户和农业企业的投资成本。对购置智能农机具和加工设施的农协给予高额补贴；实施信息化基础设施建设项目，推动农村地区的光纤网络和移动通信网络建设，确保数字技术的普及与应用。此外，我国可以加大适农技术装备支持力度，对农业无人机、环境监测机器人等设备给予财政补贴，培育本土智慧农业装备产业集群，降低技术应用门槛。

（4）培育智慧农业服务新业态

日本新型农业服务公司的成功经验显示，专业化服务组织是破解劳动力短缺的关键。我国可支持建立区域性农业社会化服务联合体，对智能装备租赁、精准植保等企业给予增值税优惠。同时，需创新产学研合作机制，推动科研院所与龙头企业共建数字农业创新联合体，设立科技成果转化引导基金，完善"研发—中试—推广"链条。此外，可借鉴九州电力智能草莓园模式，发展农业大数据分析、智能决策支持等生产性服务业，支持电商平台与新型服务组织对接，打造"云端农场＋订单农业"新业态，形成跨界融合的智慧农业生态体系。

4.3　韩国人工智能助推数字乡村建设的模式与经验

韩国农业农村发展状况与我国具有同质性，且韩国的人工智能助推数字乡村建设模式在政策、技术、产业等方面都有独到之处。因此，分析韩国人工智能助推数字乡村建设的模式与经验，可以为深化我国数字乡村建设提供经验启示。

4.3.1　韩国基于政府引导的人工智能助推数字乡村建设的模式

（1）政策引领与数字化基础设施建设

韩国数字乡村建设始于20世纪70年代的"新村运动"，其核心理念是通过"勤勉、自助、协同"推动乡村治理与经济发展。在此基础上，韩国政府逐步推进数字化基础设施建设，出台了一系列信息化发展战略，形成了覆盖基础设施、信息服务、高端技术等领域的全方位数字化战略规划体系。近年来，韩国政府通过《数据与人工智能经济激活计划》等政策，进一步推动人工智能与乡村建设的深度融合。2022年韩国投资878亿韩元用于数字农业技术的开发与普及，利用大数据、人工智能等技术开发智慧农业管理系统，并在播种施肥等领域推广无人机技术，为乡村数字化转型提供了坚实的技术支撑。

（2）村民自治与数字化技术赋能

韩国通过"信息化村"计划，构建了以村民自治为核心的乡村治理模式。各示范村成立了由村民组成的乡村运营委员会，负责日常运营与管理。政府信息化指导人员对村民进行数字化技术培训，培养了一批具备数字素养的技术骨干，使其能够参与乡村治理。此外，韩国还通过远程教育平台和多媒体技术，为村民提供数字化技能培训。例如，利用摄像机、无线通信设备和网络视频会议系统，建立多媒体远程咨询系统，帮助村民掌握电子商务、农业技术等实用技能。进而提升了村民的数字素养，也增强了其参与乡村治理的能力。

（3）乡村管理的数字化转型

韩国乡村管理的数字化转型始于 20 世纪 90 年代中期的"数字化政府"建设。通过行政网络的全面覆盖，韩国构建了跨部门互动的电子政务平台，为乡村治理提供了高效服务。例如，电子政务系统在教育、卫生、经济等领域实现了信息共享与数据公开，提升了乡村治理的透明度和效率。近年来，韩国进一步利用人工智能技术优化乡村管理。基于智慧城市管理平台，韩国建立了智能城乡安全网络，通过传感器实时收集乡村信息，提供灾害预警和应急处理服务。例如提前 48 小时发布洪水预警；在应急响应环节，系统自动联动 119 服务中心、医疗机构等主体，优化救援资源调度路径，将事故处理效率提升 30% 以上。

（4）乡村教育的数字化改造

韩国高度重视乡村教育的数字化改造，通过"信息化村"计划，调动社会资源与企业合作，依托数字化基础设施开展农村电子商务等技能培训。例如，利用多媒体远程咨询系统，为乡村居民提供在线教育服务，帮助其掌握现代农业技术和数字技能。此外，韩国还通过教育信息化计划，推动乡村学校的数字化转型。《2022 年教育信息化实施计划》提出，通过智能教科书和在线教育平台，为乡村学生提供高质量教育资源。这不仅缩小了城乡教育差距，也为乡村经济发展培养了高素质人才。

（5）智慧农业发展

韩国农业部乡村振兴厅提出："2022 年要以十大数字农业技术研发为核心推进任务，加快将大数据、数字技术和人工智能等第 4 次产业革命相关技术应用到农业领域，从而大大提高农业生产率。"韩国通过人工智能和大数据技术，开发"智能农场最优环境控制系统"，利用人工智能技术实现精准农业管理。此外，韩国还推广无人驾驶农机和农业机器人，减少劳动力依赖，提高农业生产效率。

4.3.2 韩国模式对我国人工智能助推数字乡村建设的启示

(1) 加强政策引领与数字化基础设施建设

韩国在数字乡村建设中，通过政策引领和长期规划，为乡村数字化转型提供了坚实的基础。中国在推进数字乡村建设时，同样需要以政策为先导，构建系统性、前瞻性的数字化战略规划体系。首先，政府应制定长期的数字乡村发展战略，涵盖基础设施建设、信息服务普及、高端技术应用等多个领域，确保数字乡村建设的全面性和可持续性。例如，中国可以借鉴韩国的《数据与人工智能经济激活计划》，出台类似的政策文件，明确人工智能在乡村建设中的应用方向，推动技术与乡村发展的深度融合。其次，数字化基础设施建设是数字乡村建设的核心。中国应加大乡村地区的网络覆盖和信息化基础设施建设力度，特别是5G网络、物联网、云计算等新一代信息技术的普及。通过提升乡村网络普及率和质量，为人工智能、大数据等技术的应用提供基础支撑。此外，还可以通过"新基建"战略，推动传统基础设施的数字化改造，如智能农田、智慧物流等，为乡村经济发展注入新动能。最后，政策引领还需要注重区域差异和因地制宜。中国的乡村地区发展水平差异较大，政府应根据不同地区的实际情况，制定差异化的政策支持方案，确保数字乡村建设能够真正惠及广大乡村居民。通过政策引领与基础设施建设的有机结合，中国可以为人工智能助推数字乡村建设奠定坚实基础。

(2) 强化村民自治与数字化技术赋能

韩国通过"信息化村"计划，构建了以村民自治为核心的乡村治理模式，并通过数字化技术赋能提升了村民的数字素养和参与能力。这一经验对中国具有重要启示。首先，中国应加强村民自治机制的建设，通过赋予村民更多的参与权和决策权，激发其参与乡村治理的积极性。可以借鉴韩国的做法，成立由村民组成的乡村运营委员会，负责乡村事务的日常管理，确保乡村治理更加贴近村民需求。其次，数字化技术赋能是提升村民参与能力的关键。中国应加大对村民的数字化技能培训力度，通过线上线下相结合的方式，帮助村民掌握电子商务、农业技术、数字治理等实用技能。例如，可以利用远程教育平台和多媒体技术，为村民提供在线培训课程，培养一批具备数字素养的技术骨干，使其能够参与乡村治理和促进经济发展。此外，还可以通过智慧乡村平台的建设，推动村民自治与数字化技术的深度融合。例如，利用人工智能技术开发乡村治理平台，实现村民意见征集、事务公开、资源分配等功能的数字化管理，提升乡村治理的透明度和效率。通过村民自治与数字化技术赋能的有机结合，中国可以构建更加高效、透明的乡村治理体系。

（3）促进乡村管理的数字化转型

韩国通过"数字化政府"建设和人工智能技术的应用，实现了乡村管理的数字化转型，为乡村治理提供了高效服务。中国在推进数字乡村建设时，可以借鉴韩国的经验，构建跨部门互动的电子政务平台，提升乡村治理的效率和透明度。例如，通过行政网络的全面覆盖，实现教育、卫生、经济等领域信息的互联互通和数据共享，为乡村居民提供更加便捷的公共服务。此外，人工智能技术的应用是乡村管理数字化转型的重要方向。中国可以利用传感器、大数据和人工智能技术，构建智能城乡安全网络，提升乡村应急管理能力。例如，通过实时监测乡村环境数据，提前发布灾害预警信息，并优化应急响应机制，提高事故处理效率。同时，还可以利用人工智能技术优化乡村资源配置，如智能物流配送、智能农田管理等，提升乡村经济发展的效率和质量。最后，乡村管理的数字化转型还需要注重数据安全和隐私保护。在推动数字化管理的同时，应建立健全数据安全保护机制，确保乡村居民的个人信息和公共数据的安全性。通过数字化转型与人工智能技术的结合，中国可以构建更加高效、智能的乡村治理体系。

4.4 新西兰人工智能助推数字乡村建设的模式与经验

4.4.1 新西兰基于政府主导、技术创新与产业融合协同发展的人工智能助推数字乡村建设的模式

新西兰地处太平洋西南部，其领土包括北岛、南岛、斯图尔特岛和周

边很多小岛屿，陆地领土面积约 27 万平方千米。新西兰属于温带海洋性气候，温度比较平稳，温度变化小。新西兰从十二月到翌年二月是夏季，六月到八月是冬季。夏季平均气温约 20℃，冬季平均气温约 10℃，温度相差不超过 15℃，年降水量在 600～1 500 毫米。新西兰的气候条件对发展农业很有利，其农业主要以牧草、奶制品、羊毛、蔬菜和水果为主，在全球享有盛誉。作为全球农业发达国家之一，新西兰自 2018 年起实施"数字优先乡村战略"（Digital First for Rural Strategy），通过人工智能技术重构农业生产、生态管理及服务供给体系，为全球数字乡村建设提供了宝贵经验，对我国以人工智能助推数字乡村建设也具有一定的参考意义。

（1）政策与资金支持体系

在新西兰，数字乡村建设并非单纯的市场行为，而被视为一项具有公共利益属性的国家工程。为此，政府通过多重制度设计，将政策杠杆、财政资源与科研网络有机整合，构建起一套以"国家级战略引导、宽带基础设施全覆盖、产学研协同机制"为核心的系统化支持框架，其目标不仅在于弥合城乡数字鸿沟，更在于将数据驱动的精准农业模式确立为国家竞争力的新支点。

首先，从国家治理视角来看，新西兰中央政府以"省增长基金"（Provincial Growth Fund，隶属于商业、创新和就业部）作为政策发力点，对数字乡村建设项目实施靶向性财政干预。该基金在 2019 年向梅西大学划拨 40 万美元专款，用于设立"农村创新实验室"（Rural Innovation Lab）。该实验室的定位并非传统意义上的技术研发中心，而是一个集技术孵化、场景验证与政策沙盒于一体的综合平台，其功能聚焦于云计算、物联网与人工智能等前沿技术在农场级场景中的集成创新。更为重要的是，实验室的运作模式体现了"试点→评估→扩散"的渐进式政策逻辑：一旦特定技术在限定区域内验证其经济可行性与社会可接受性，即通过政府纵向传导机制与行业协会横向推广网络，迅速扩展至新西兰全国 12 个主要农区。这一过程不仅降低了技术采纳的边际成本，也为新西兰中央政府后续制定更具普适性的数字农业标准提供了经验证据。此外，新西兰支持农业科技创新的金融体系与大多数国家的金融体系类似，也是由中央银行、商业银行、非银行储蓄机构、保险公司等构成。提供个人、企业、农村金融产品和服务的代表性银行有：新西兰国民银行、新西兰银行、ASB（Auckland Savings Bank）银行、西太平洋银行等；LOAN-HUB 贷款公司汇集了农村和农业金融方面的专业人士，为新的农业企业、农户量身定制合适的融资。在农业保险方面，新西兰有着自己的特点：①对关系国计民生的种植业采取政府干预的强制性保险；②农村保险体系健全，主要体现在险种齐全、保险产品设计合理、保险条款简便易行，如有农村材料损毁险、农村业务中断险、农村责任险、交通险、农村收入保障险、农村机械故障险、农村存货腐变险等；③由于灾害天气遭受的损失由保险公司赔付，政府的救助逐渐减少。农业政策支持体系比较倾向于"小政府、大社会"。

其次，宽带基础设施的普惠化被视为农村人工智能技术得以落地的先决条件。新西兰政府于 2019 年启动"国家超宽带服务网计划"（National Ultra-Fast Broadband Initiative），总投资规模达 13.5 亿新元，其中 3 亿新元明确划拨至边远与高成本地区。该计划以"普遍服务义务"（Universal Service Obligation）为法理依据，将农村学校、医院与农场纳入优先接入序列，确保其网络带宽与时延指标满足机器学习模型训练与实时决策的需求。从制度经济学角度分析，这一基础设施公共品的供给不仅纠正了市场因"最后一公里"高成本而产生的失灵，也为后续人工智能服务商提供了可预期的需求规模，从而吸引了更多私人资本进入农村数字服务市场。此外，政府通过开放网络接口标准与数据共享协议，降低了不同主体间的技术壁垒，为跨平台、跨设备的农业物联网部署奠定了互操作性基础。

最后，在微观创新层面，新西兰政府将"产学研协同"视为破解农村人工智能技术"死亡谷"的关键机制。以"多用途果园机器人"项目为例，该项目由新西兰本土企业 ROBOTICS PLUS 牵头，联合梅西大学、奥克兰大学、微软新西兰及 18 家行业协会与技术供应商，形成了涵盖基础研究、工程开发、商业验证与政策合规的完整创新链。项目总融资规模超过千万美元，其中政府通过"战略创新基金"（Strategic Innovation Fund）提供非稀释性配套资金，微软则贡献 AZURE 云算力与边缘 AI 工具链，高校负责机器视觉算法优化与伦理影响评估，行业协会则制定果园作业标准与数据隐私框架。这种多元主体共治的模式不仅分散了技术研发与市场采纳的双重风险，也通过知识溢出效应提升了整个农业机器人细分领域的创新能力。值得注意的是，政府在该项目中扮演了"网络编织者"的角色，通过合同研究、联合专利与人才流动等制度安排，确保公共研发投入能够产生最大化的社会经济回报。

综上，新西兰政府通过顶层设计将政策、资本与知识网络深度融合，形成了一条从基础设施普惠到技术商业化落地的完整闭环。这一体系不仅有效缓解了农村数字基础设施的外部性难题，也为人工智能技术在农业场景中的规模化应用提供了可复制的制度范式。

（2）人工智能技术核心应用场景

在新西兰农业体系中，人工智能技术的发展已从早期的"技术试验"阶段迈向"场景深耕"阶段，呈现出以"智能农业生产系统—供应链与风险管理—劳动力替代与升级"为主轴的纵深演进格局。通过对传感器网络、边缘计算、计算机视觉与区块链等关键技术的系统性嵌入，人工智能不仅在田间层面重塑了作物与牲畜的精准管理模式，也在产业链层面重构了可追溯、可预测与可优化的价值流动机制，更在劳动力层面引发了从体力密集型向技能密集型的结构性跃迁，从而为新西兰农业在全球价值链中的高阶位锁定提供了技术与制度双重支撑。

首先，在智能农业生产系统维度，人工智能技术实现了对作物生理状态与农田微环境的实时感知与精准调控。具体而言，新西兰大中型农场已普遍部署多模态传感器网络，该网络由土壤温湿度探头、光照强度计、叶片湿度传感器及微型气象站组成，能够以五分钟为时间粒度持续采集环境数据，并通过边缘网关上传至云端时空数据库。基于高斯过程回归与卡尔曼滤波融合算法，系统生成亚米级分辨率的动态农情地图，进而驱动变量施肥与滴灌装置进行差异化投入。田间试验表明，相较传统均匀施肥模式，该精准作业策略可提升氮肥利用率，并显著降低硝酸盐淋失风险。与此同时，自动化农机装备的 AI 化升级亦取得突破性进展。以葡萄园作业为例，最新一代自动拖拉机集成 80 个多光谱与毫米波雷达传感器，可在非结构化环境中实现厘米级路径跟踪与障碍物规避，从而完成除草、修剪及行间喷药等全天候任务。田间实测数据显示，该装备在保持作业质量不变的前提下，燃油效率得以提升，直接带来运营成本下降。针对高附加值水果，研发团队进一步推出苹果与奇异果采摘机器人，其核心模块包含真空柔性抓取末端与七自由度机械臂，并辅以深度卷积神经网络进行果实成熟度判别。在标准化果园条件下，单机采摘效率达到每分钟 120 个果实，约为熟练人工的两倍，且损伤率控制在 2% 以内，显著优于人工操作。

在畜牧管理领域，人工智能技术呈现出从个体识别到群体监测再到行为干预的梯度应用特征。传统耳标系统因易脱落、信息维度有限等缺陷，已逐步被基于深度度量学习的绵羊面部识别系统所取代。该系统利用 RESNET - 50 骨干网络对鼻梁曲率、眼周纹理等生物特征进行编码，在 2 000 头规模的羊群中识别准确率可达 96.3%，并支持个体健康评分与亲缘关系推断。此外，波士顿动力机器狗 SPOT 被重新编程为"远程牧羊犬"，通过激光雷达与强化学习算法实现对羊群分布的实时估计与驱赶路径规划。新西兰某牧场试验表明，SPOT 可在 5 公里半径内替代 1.5 个全职牧羊工的劳动力投入，同时降低羊只因驱赶应激导致的体重损失率。

其次，在供应链与风险管理维度，人工智能与区块链技术的耦合应用有效破解了农产品信息不对称与质量不可验证的双重难题。具体而言，基于 HYPERLEDGER FABRIC 的许可型区块链被用于记录肉类从屠宰、分割、冷链运输到零售终端的全流程数据，其中品质检测环节引入高光谱成像与迁移学习算法，对肌内脂肪分布、血红蛋白含量等隐性指标进行无损评估，并将结果以哈希值形式写入链上。消费者通过扫描包装二维码即可获取不可篡改的质量溯源报告，从而显著提升了品牌溢价能力。在物流优化层面，人工智能驱动的路径规划系统将化肥运输视为带时间窗的车辆路径问题（Vrptw），通过混合整数规划与遗传算法对车辆载重、路况拥堵及卸货窗口进行联合优化，使得空载率得以降低。Map of Ag 公司则利用卷积神经网络对 SENTINEL－2 卫星影像进行语义分割，提前两周识别区域性干旱或洪水风险，并据此触发供应链预警，帮助经销商调整库存与采购计划，减少潜在损失。

最后，在劳动力替代与升级维度，人工智能技术的渗透正深刻改变着新西兰农业的就业结构。该国农业季节性劳动力需求峰值曾高达 25 万人，其中采摘与包装等重复性作业占比超过 60%。随着视觉识别与柔性抓取技术的成熟，上述岗位正被逐步自动化。值得注意的是，技术替代并非简单的"岗位消失"，而是通过"技能—任务"再匹配机制，推动本地农民向技术管理岗位迁移。与此同时，政府通过"青年农业村（Youth in Agriculture Village）"计划联合行业机构构建制度化培训体系，培育农业机器人运维师、数据农艺师等新型技术岗位，推动农民从体力操作向技术管理转型。由此观之，人工智能不仅缓解了劳动力短缺，更通过人力资本升级巩固了新西兰农业的竞争优势。

（3）绿色发展与生态协同

在新西兰农业绿色转型与生态协同的宏观叙事中，人工智能已不再局限于"效率提升"这一单一维度，而是被系统地嵌入"环境可持续—生态旅游融合"的双螺旋结构之中，成为联结生产端减污降碳与消费端体验升级的技术纽带。通过作物生理—环境耦合模型的构建、生态氮肥的分子级优化，以及基于位置智能与增强现实的沉浸式旅游叙事，人工智能在微观层面重塑了农田养分管理的技术路径，在宏观层面则重构了农业多功能价值的实现机制，从而实现了生态外部性的内部化与农业价值链的可持续延伸。

首先，在环境可持续维度，人工智能驱动的精准施肥策略有效降低了传统集约化农业对水体氮负荷的负面外部性。具体而言，新西兰的研究机构与高校，如奥克兰大学、林肯大学以及国家水与大气研究所，联合农业技术企业，开发并部署了基于人工智能的精准施肥决策支持系统，融合了长短期记忆网络（Lstm）与物理过程模型（Dssat），以五分钟时间步长对土壤、作物、大气中的氮素运移进行动态模拟。模型输入层整合了多光谱遥感、无线传感网络（Wsn）与近地气象站生成的多模态数据，输出层则生成空间分辨率为 1 米×1 米的实时需肥图谱，进而驱动变量施肥机执行"少量多次"的差异化投入策略。田间对比试验表明，该策略在维持作物产量不降低的前提下，降低了硝态氮淋失通量，大大消减了地下水质的潜在风险。与此同时，林肯大学土壤科学团队利用人工智能辅助的分子动力学模拟，成功对一种基于脲酶抑制剂的生态氮肥进行结构优化：通过机器学习算法筛选出可与土壤胶体形成可逆键合的官能团组合，使肥料颗粒在施用后 72 个小时内的渗透率降低 40%，而氮素有效性曲线则与作物吸氮高峰期高度同步，从而兼顾了农学效率与生态安全。生命周期评估结果显示，该生态氮肥在全链条碳足迹方面较传统尿素减少，为新西兰农业在 2030 年前实现甲烷排放比 2017 年减少 10% 这一目标提供了可行的技术路径。此外，新西兰政府通过制定环保法规，推广绿色农业和可持续发展理念，加强农村地区生态环境保护。例如，政府对农场主的环保投资给予补贴，鼓励他们积极采纳实施环保措施，这使得新西兰乡村生态环境较好，绿色农业和可持续发展理念得到广泛推广。

其次，新西兰高度重视农业产业作业区宽带网络基础设施建设，将信息化融入生态农业和旅游。2005 年，新西兰为实施"WEB‐RAISING"计划，由数字化决策机构安排经费建立网站，农民将自己的信息发布到网上，可以让旅游者全方位感受，农户、当地企业和游客之间形成了良好的融合互动，实现了生态农业和信息化的有机结合，农民增收效果显著。具体而言，政府主导的"WEB‐RAISING"计划通过数字平台化与沉浸交互技术的耦合，推动了农业多功能价值的显性化与可交易化。该计划由新西兰旅游局、初级产业部与地方议会三方共建，核心是一个基于云原生的农庄旅游数字平台。平台底层采用微服务架构与 API 网关，实现了农场作物长势、牲畜位置、天气状况等实时数据与游客移动端的低延迟同步；

中层则进行事件流处理，为游客推送个性化行程建议；前端则整合 GPS 定位与 AR 引擎，为各种主题旅游线路提供情境增强体验。以马尔堡产区为例，游客手持移动设备在葡萄园行间行走时，AR 叠加层会实时显示该地块的叶面积指数、糖酸比预测值及可持续灌溉指数，并通过语义锚点触发酿酒师预先录制的语音解说。平台上线立即吸引了众多访客，带动农场衍生收入提升。更为重要的是，数字平台沉淀的行为数据经联邦学习框架脱敏后，可反向用于优化农场生产决策：例如通过分析游客高峰时段与作物观赏性的耦合关系，农场可动态调整修剪节奏，以延长"景观窗口期"，实现农业生产、生态服务与旅游体验的多目标帕累托优化。

综上，人工智能在绿色发展中扮演的角色已从"技术工具"升级为"系统架构师"，推动了新西兰农业向"高生产力、低环境负荷、高体验价值"的三重均衡演进。这一演进揭示了数字技术与生态协同理论在真实社会经济系统中的可耦合边界与放大效应。

（4）技术赋能与教育公平融合

新西兰将数字乡村视为公共治理与科技融合的长期议题，政府以教育公平为切入点，通过人工智能、财政激励与本地化交付机制协同推进，形成覆盖基础设施、教学内容、能力建设的系统方案。新西兰于 2018 年开始实施《学生公平数字接入计划》（Equitable Digital Access for Students，简称 EDA4S 计划）。该计划以人工智能与数字技术为支撑，针对乡村地区基础设施薄弱、教育资源匮乏、文化差异显著等现实瓶颈，构建了"中央协调—本地交付—模块推广"的三级治理机制，通过精准识别、动态干预与持续评估，实现了数字技术在乡村教育、社区治理、公共服务与文化认同中的深度融合。

首先，在基础设施层面，新西兰政府依托人工智能驱动的网络优化算法与大数据分析模型，对偏远乡村地区的网络部署进行智能选址与资源配置，优先解决"最后一公里"接入难题，推动实现"基本互联网普及化"（Universal Basic Internet，UBI）目标，使乡村居民能够无差别访问教育、医疗与政府服务等关键公共平台。

其次，在教育资源配置层面，EDA4S计划通过人工智能辅助的个性化学习系统与自适应教学平台，针对乡村学生尤其是毛利人与太平洋岛民学生的学习特征与文化背景，动态调整教学内容与语言支持，构建多元化、本土化的数字学习资源库，显著提升了教育公平水平。

再次，在教师能力建设方面，计划引入人工智能驱动的教师专业发展平台，通过行为数据追踪与教学成效分析，为乡村教师提供个性化培训路径与教学改进建议，有效缓解了传统教师培训"一刀切"、资源下沉不足等问题。同时，政府还利用人工智能技术构建"教育认证"体系，对参与数字乡村建设的软硬件服务提供商进行智能筛选与动态监管，确保其服务覆盖、质量保障与伦理合规，推动形成可持续、可信任的乡村数字生态系统。在社会参与机制方面，EDA4S计划通过人工智能辅助的利益相关者分析工具，识别并整合地方政府、学校、社区组织、企业、家庭等多元主体在数字乡村建设中的角色与需求，推动形成"政策引导、市场参与、社区协同"的共建共治共享格局。

最后，在文化认同与数字素养提升方面，EDA4S计划结合毛利文化知识体系与现代人工智能技术，开发具有文化响应性的数字教育内容，提升乡村居民对数字技术的认知信任与使用能力，有效弥合由文化差异导致的"第二道数字鸿沟"。

总体而言，新西兰以人工智能为技术杠杆，以教育公平为政策起点，以系统性、模块化、本土化为实施特征，探索出一条具有高度适应性与可复制性的数字乡村建设路径，为我国在推进数字乡村建设与教育数字化战略中如何有效利用人工智能提供了可资借鉴的经验范式。

4.4.2 新西兰模式对我国人工智能助推数字乡村建设的启示

随着全球数字化进程的加速，人工智能技术在农业领域的应用逐渐成为推动农业现代化的重要力量。新西兰作为全球农业发达国家之一，在人工智能助推数字乡村建设方面积累了丰富的经验，形成了独具特色的"政府主导、技术创新与产业融合协同发展"的模式。其在政策与资金支持、人工智能技术应用场景拓展以及绿色发展与生态协同等方面的成功实践，为中国人工智能助推数字乡村建设提供了诸多有益的启示。

（1）加快乡村数字化基础设施建设

数字化基础设施是数字乡村建设的基石，也是人工智能技术落地应用的前提条件。新西兰政府高度重视宽带基础设施的普惠化建设，于2019年启动"国家超宽带服务网计划"，该计划以"普遍服务义务"为法理依据，将农村学校、医院与农场纳入优先接入序列，确保其网络带宽与时延指标满足机器学习模型训练与实时决策的需求。这一举措为人工智能服务商提供了可预期的需求规模，吸引了更多私人资本进入农村数字服务市场。中国在数字乡村建设中，应借鉴新西兰的经验，加快乡村数字化基础设施建设。一方面，要以国家推动数字乡村试点、新型基础设施建设等为契机，制定产业作业区物联网、4G/5G网络等数字基础设施的规划与投资建设方案。具体而言，可以参考新西兰的"普遍服务义务"原则，将农村地区的学校、医院、农场等作为优先接入对象，确保这些关键场所的网络覆盖和带宽需求得到满足。另一方面，要充分发挥数字乡村相关试点的辐射效应，鼓励和引导相关企业加快对非试点区域的传统基础设施的数字化改造。例如，通过政策引导，吸引通信运营商、互联网企业等参与农村地区的网络基础设施建设，推动5G网络、物联网等技术在农村的广泛应用。

（2）积极培育数字化"新农人"

数字乡村建设的关键在于人才。新西兰通过"青年农业村"计划联合行业机构构建制度化培训体系，培育农业机器人运维师、数据农艺师等新型技术岗位，推动农民从体力操作向技术管理转型。这一举措不仅缓解了劳动力短缺问题，还通过人力资本升级巩固了新西兰农业在全球高端市场的竞争优势。中国在数字乡村建设中，也应注重培育数字化"新农人"。目前，中国大部分农业用地以散户居多，且留守种植人员以中老年人为主，接受信息化、数字化等新技术的能力有限。各级政府应积极培养农业数字创新人才，增强农民数字素养。具体而言，可以引导高校合理设置智慧农业、农业智能装备工程等相关专业，鼓励和引导大中专毕业生、退伍军人等返乡就业人员参与数字乡村建设。同时，推动各地依托区域内高校、龙头企业等资源，培养实用型农村信息技术人才，将数字技术与人工智能技术积极运用于乡村福利、教育和环境等领域。例如，可以设立专项培训基金，支持农村地区的数字技能培训项目，帮助农民掌握基本的计算机操作、数据分析、智能设备使用等技能。通过提升农民的数字素养和技能水平，为数字乡村建设提供坚实的人才保障。

（3）坚持规划引领、分类推进数字乡村建设

数字乡村建设需要科学规划和分类推进。新西兰在人工智能助推数字乡村建设中，通过"试点→评估→扩散"的渐进式政策逻辑，确保人工智能技术在限定区域内验证其经济可行性与社会可接受性后，再通过政府纵向传导机制与行业协会横向推广网络迅速扩展至全国。这一模式不仅降低了技术采纳的边际成本，还为政府后续制定更具普适性的数字农业标准提供了经验证据。中国在数字乡村建设中，应坚持规划引领、分类推进的原则。目前，部分地区在数字乡村建设过程中缺乏对所辖地区的调研，没有因地制宜、充分挖掘地方特色，形成具有地方特色及发展优势的数字乡村发展模式。因此，实施数字乡村战略，应科学规划、合理安排数字乡村建设重点任务和工程，结合各地发展基础、区位条件、资源禀赋，按照不同类型村庄发展规律，分类有序按需推进。具体而言，可以将数字乡村建设分为基础型、提升型和创新型三个层次，针对不同层次的村庄制定差异化的建设方案。例如，基础型村庄可以重点推进网络基础设施建设和基本的数字服务覆盖；提升型村庄可以在基础型村庄的基础上，进一步发展智慧农业、农村电商等应用；创新型村庄则可以探索人工智能、大数据等前沿技术在农业生产和农村治理中的深度应用。通过科学规划和分类推进，确保人工智能助推数字乡村建设取得实效。

（4）强化政策与资金支持体系

新西兰政府通过多重制度设计，将政策杠杆、财政资源与科研网络有机整合，构建起一套以"国家级战略引导、宽带基础设施全覆盖、产学研协同机制"为核心的系统化支持框架。例如，新西兰中央政府以"省增长基金"作为政策发力点，对数字乡村建设项目实施靶向性财政干预。该基金在2019年向梅西大学划拨40万美元专款，用于设立"农村创新实验室"，推动云计算、物联网与人工智能等前沿技术在农场级场景中的集成创新。中国在数字乡村建设中，也应强化政策与资金支持体系。一方面，政府应制定明确的数字乡村建设战略，通过财政补贴、税收优惠等政策手段，引导社会资本投入数字乡村建设。具体而言，可以设立专项基金，支持农村地区的数字化基础设施建设、数字农业技术研发和应用推广等项目。同时，通过税收优惠政策，鼓励企业加大对农村人工智能技术的投资和应用。另一方面，应加强产学研协同创新，鼓励高校、科研机构与企业合作，形成涵盖基础研究、工程开发、商业验证与政策合规的完整创新链。例如，可以建立产学研合作平台，促进高校和科研机构的科研成果与企业的实际需求对接，推动人工智能技术的产业化应用。通过政策与资金支持，为人工智能助推数字乡村建设提供有力保障。

（5）拓展人工智能技术应用场景

新西兰在农业生产体系中广泛应用人工智能技术。中国在数字乡村建设中，也应积极拓展人工智能技术应用场景。一方面，应加快智能农业生产系统建设，通过传感器网络、边缘计算与计算机视觉等技术，实现作物生理状态与农田微环境的实时感知与精准调控。具体而言，可以推广智能温室、精准灌溉、智能施肥等技术，提高农业生产效率和资源利用效率。另一方面，应利用人工智能与区块链技术优化农业供应链与风险管理，提升农产品质量与品牌价值。例如，通过区块链技术建立农产品溯源系统，实现从生产到销售的全流程追溯，增强消费者对农产品的信任。同时，通过技术替代与技能升级，推动农业劳动力从体力密集型向技能密集型转变，提升农业生产的整体效率与竞争力。例如，推广农业机器人、智能农机等设备，减少人工劳动强度，提高作业精度和效率。

（6）推动绿色发展与生态协同

新西兰在农业绿色转型与生态协同方面，将人工智能技术嵌入"环境可持续—生态旅游融合"的双螺旋结构之中。同时，新西兰通过"WEB-RAISING"计划，将信息化融入生态农业旅游，推动农业多功能价值的显性化与可交易化。中国在数字乡村建设中，应推动绿色发展与生态协同。一方面，应利用人工智能技术优化农田养分管理，降低农业生产对环境的负面影响。具体而言，可以推广精准施肥、精准灌溉等技术，减少化肥和农药的使用量，降低农业面源污染。同时，通过人工智能辅助的生态氮肥研发，提高肥料的利用效率和环境友好性。另一方面，应通过数字化平台与沉浸交互技术，推动生态农业与乡村旅游的融合发展，提升乡村生态价值与农民收入。例如，可以建立乡村旅游数字平台，整合乡村旅游资源，提供在线预订、智能导览、虚拟体验等服务，吸引更多游客到乡村旅游，促进乡村经济发展。

（7）推动教育公平与智能协同

新西兰 EDA4S 计划的实施，在为学生提供公平数字接入和数字化学习资源的同时，对现有数字化基础设施进行了更新迭代，使之成为社区数字中心，实现基本互联网普及化。这对我国数字乡村建设的启示有以下几个方面：一是把"教育公平"设定为人工智能落地的优先场景。我国乡村面广人多，区域差异远大于新西兰，若将人工智能应用首先聚焦于乡村学校的"课堂—家庭—社区"闭环，既能快速提升弱势群体的数字获得感，又可通过规模化学习数据反哺算法优化，降低后续在农业、医疗、治理等领域复制的边际成本。二是建立"中央统筹＋省级运营＋县域交付"的三级模块化架构。EDA4S 把网络建设、设备配置、课程资源、教师培训拆分成标准模块，允许毛利部落结合本地语言和文化二次开发；我国可在东数西算、千兆光网、卫星互联网等国家工程的基础上，为每个县域提供"菜单式"人工智能能力清单（包括算力套餐、开源模型、乡土数据标注规范及师生培训包），由县级政府根据产业特色与民族需求灵活组合，避免"一刀切"造成的资源错配。三是构建可信的乡村人工智能生态认证体系。新西兰通过"教育认证"标签约束企业行为，确保服务覆盖、隐私保护与伦理合规；我国可依托国家数字政府平台，建立面向乡村场景的人工智能服务白名单，对算法公平性、数据跨境流动、涉农收费透明度等进行动态监管，同时引入高校、农科院、乡村振兴基金作为第三方评估机构，形成政府、市场、社会三元协同的可持续治理机制。在此基础上，还需注重文化响应性。借鉴 EDA4S 将毛利知识体系嵌入人工智能课程的做法，把中华农耕文明、非遗技艺、民族语言转化为可计算的文化资产，让乡村居民在使用人工智能的过程中强化身份认同，从而真正弥合"技术可用"与"文化可融"的数字鸿沟。

4.5 欧洲国家人工智能助推数字乡村建设的模式与经验

与美国与日本不同，欧洲国家承担了范围更广泛的责任，包括社会、环境和地区发展。为应对农村孤立、人口老龄化和商业生产力低下等问题，实现区域均衡发展，2017 年，欧盟委员会启动了"欧盟智慧乡村行动"，旨在通过智慧乡村建设，释放乡村发展活力、促进乡村繁荣。智慧乡村行动共包含 16 项行动计划，得到了英、法、德等欧洲国家的积极响应。在技术应用方面，涉及大数据、物联网、物流运输、数据分享应用等关键前沿技术；在建设内容方面，主要涵盖居民生活、公共服务、可持续发展和乡村产业振兴等内容。

4.5.1 英国基于多方主体共生的人工智能助推数字乡村建设的模式

近年来，随着过快过热的城镇化引发各类"城市病"蔓延，英国"郊区化"或"逆城市化"现象愈发严重，2019—2020 年英国乡村人口迁徙净流入达到 9.75 万人，这势必会对乡村经济、社会及生态造成不可逆的破坏。基于此，英国政府以共生理论为指导，从政策制定、社区联动和集群发展三方面开展乡村振兴事业，并以人工智能技术赋能产业多元化、乡村数字化发展，实现城乡间利益共享、功能互补与资源互通的局面。

英国政府认识到，数字化是推动乡村经济发展的重要手段。为此，政府出台了一系列政策文件，支持乡村地区的数字化转型。随着《英格兰乡村品质生活规划》《英国农村战略》《第 7 号规划政策文件：乡村地区的可持续发展》《2007—2013 乡村发展七年规划》等法规的陆续颁布，英国政府投入大量资金用于改善乡村的数字基础设施，提高网络覆盖和带宽，确保人工智能等先进技术能够在乡村地区顺利实施。这些措施不仅提升了乡村居民的生活质量，也为乡村经济的发展提供了新的动力。同时，英国政府正式推出了《人工智能手册》，揭示人工智能应用于乡村建设的无限可能性。此外，政府还制定了相关的人才培养和引进政策，吸引科技人才投身乡村建设。通过提供教育和培训机会，政府希望提高乡村居民的数字素养和技能，使他们能够更好地适应和利用新技术改善生活和生产。

在社区联动方面，英国的乡村社区积极发挥桥梁和纽带作用，将政府、企业和居民紧密联系在一起。社区通过建立数字化平台，促进居民之间的交流与合作，鼓励居民参与乡村数字化建设的决策和实施过程。例如，社区可以组织居民开展人工智能应用培训，提高居民的数字素养和技能，使他们能够更好地适应和利用人工智能技术改善生活和生产。此外，社区还与企业合作，共同推动乡村数字经济的发展，如建立基于人工智能的农产品电商平台，拓宽农产品销售渠道，增加农民收入。

在集群发展方面，英国乡村地区注重培育和发展以人工智能为核心的产业集群，形成政府、企业、科研机构等多方主体协同创新的生态系统。一方面，政府通过政策引导和资金扶持，吸引相关企业入驻乡村，形成产业集聚效应。这些企业涵盖了人工智能技术研发、应用服务以及与之相关的上下游产业，如大数据处理、物联网设备制造等。另一方面，科研机构与企业紧密合作，开展产学研联合项目，加速人工智能技术在乡村领域的转化和应用。例如，共同研发适用于乡村农业生产的智能监测系统、精准施肥施药设备等，提高农业生产效率和质量，推动乡村产业的智能化升级。

4.5.2 德国基于全链条发展的人工智能助推数字乡村建设的模式

德国国土面积35.8万平方千米，农业用地占比达50%的广袤乡村正经历着一场数字化革命。面对全国8 300万人口中农业从业者仅占劳动人口2%、农户数量不足60万户的结构性挑战，德国通过人工智能技术的深度应用，形成了独具特色的数字乡村发展范式。统计数据显示，德国农业工人人均供养能力从1950年的10人提升至现今的150人，在70年间实现了15倍跃升。这种生产效率的指数级增长，根植于人工智能技术与农业生产体系的深度融合，成功推动传统小农经济向现代农业的转型升级。

首先，德国在推动数字乡村建设方面，制定了系统化的政策框架，为农业数字化提供了明确的方向和保障。德国从2018年开始强化对数字农业工作的重视，粮食和农业部将数字农业列为优先工作事项，发布《农业数字政策未来计划》明晰具体举措，为进一步发展数字农业提供了体系化政策框架。截至2022年，德国安排了6 000万欧元用于农业部门数字化建设，同时还对部门结构进行调整，强化了涉农数字化领域具体职能，任命数字化专员协调农业数字化领域所有活动，要求其他各部门都明确1位数字化官员配合开展工作。此外，德国还组织实施"智能农村计划"，支持选定地区分别在2年时间内获得100万欧元，资助用于制定农业数字化战略、引入网络平台和数字服务改善等。

其次，德国加强数字基础设施建设，为乡村智能化夯实根基。德国政府通过公私合作（PPP）模式，重点推进农村地区高速宽带和5G网络建设，尤其注重智能农业领域的5G应用。目标是到2025年在农村提供完整的千兆光纤网络覆盖。粮食和农业部致力于确保农业部门在数字基础设施建设方面的利益，已多次成功提倡在5G技术开发和许可等方面要特别考虑农业部门需求特征，自2008年以来一直致力于开展"改善农业结构和沿海保护"任务，为符合条件的数字农业支出提供高达90%的补贴，不断扩大农业数字基础设施覆盖面。联邦政府资助的乡村高速宽带项目已覆盖多个试点村庄，支持农机远程控制、实时数据传输等高精度农业作业。德国物联网技术的应用同样广泛，农田和畜牧场部署了大量传感器与GPS设备，实时采集土壤湿度、作物生长和牲畜健康数据，并通过云平台整合分析。德国电信开发的数字化奶牛养殖监控系统，通过传感器实时监测奶牛生理指标，显著提升了养殖效率。此外，弗劳恩霍夫研究所主导的"数字生活实验室"在试点村庄测试了数字服务整体解决方案，构建了包括支付、登录和数据控制在内的基础服务平台，为后续应用开发提供了技术支撑。

再次，德国智能农业以人工智能技术创新为驱动力，实现了农业生产全链条的数字化管理。德国依托农业科研机构，促进产学研合作，推动农业传感器、农用机器人、遥感卫星等所使用的前沿技术、核心技术、关键技术实现集中攻关。通过将"3S"技术（全球定位系统、地理信息系统和遥感技术）应用于农业生产，实现了精准操控和智能决策。德国的大型农业机械能够根据土壤状况和作物生长需求，进行适量施肥和喷药，显著提高了肥料和农药的利用率，促进了农业生产的绿色发展。此外，德国还通过物联网和大数据技术的应用，实现了农业生产过程的实时监控和优化。例如，传感器技术被广泛应用于农田管理，通过采集土壤湿度、温度等数据，为农民提供精准的种植建议。

最后，德国高度重视农民的数字技能培训，通过多层次的教育体系提升农民的数字素养和技术应用能力。根据德国信息技术、电信和新媒体协会的调查，德国超过2/3的农业工人已经认识到除了基本的农业知识和技能外，自身还需具备更多的数字技术相关技能。因此，德国推出"数字战略2025"，明确将数字化教育引入公民各个人生阶段，力争到2025年，让每一名学生都具备信息科学、算法和编程等方面的基础知识，并将农业作为数字化教育重要内容。此外，德国结合"数字战略2025"，对农业生产者有针对性地提供农业物联网、农业电商、农业大数据等领域线上培训和技术指导。另外，德国的农业职业教育体系要求农民必须经过专业培训才能持证上岗，这种制度确保了农民能够熟练掌握和运用数字技术进行农业生产管理。因此，德国还通过建立数字农业试点项目，为农民提供实践平台，推广成功的数字农业经验。例如，365FarmNet 公司为小型农场主提供全程农业智能服务体系，帮助农民掌握数字化管理技能。这些措施不仅提高了农民的人工智能技术应用水平，还为数字乡村建设培养了大批高素质的农业人才。

4.5.3 法国基于"政策—技术"协同的人工智能助推数字乡村建设的模式

法国人工智能与数字乡村建设的深度耦合体现在政策、技术等维度。

首先，政策层面通过立法引导与资源倾斜形成制度保障。法国政府通过《人工智能法案》及欧洲《人工智能法案》框架，明确 AI 技术在乡村应用中的伦理规范与数据安全标准，即通过立法和监管手段，确保人工智能技术的应用符合伦理和法律要求，避免技术滥用对乡村社会造成负面影响。同时设立专项基金支持乡村数字化项目。勃艮第地区作为法国数字乡村试点，获得政府 33 亿欧元资金用于宽带网络建设，覆盖低密度人口区域，确保数字基础设施的普惠性。法国政府还实施了"农业—创新 2025"计划，提供 2 亿欧元的项目招标资金，支持农业科技企业的发展。该计划提出要以建立一个更具竞争力且环境友好型的农业体系为发展目标，列出三大发展优先事项，"实现农业新技术的全面发展"就是其中之一。具体草案涉及以农业大数据为基础构建农业新认知，提供农业新服务；推进以农业机器人为代表的更高效的农机设备的使用以及组织和促进生物科技的研究与创新等。除此之外，该计划还发动了高校、科研机构以及企业之间的合作，以推进最新科技落地。此外，法国还推出了"农业科技 20 强"计划，每年选拔 20 家有潜力的农业科技初创企业，为其提供资金和技术支持。2021 年启动的"数字乡村实验室"项目，联合科研机构和企业，在 12 个农村地区测试人工智能技术的实际应用。通过这些政策的协同作用，法国为人工智能技术在乡村领域的应用创造了良好的政策环境。

其次,法国在农业领域广泛应用人工智能技术,推动农业生产的智能化和自动化。作为欧洲第一大农业生产国,法国近年来积极支持数字农业发展。法国农业和食品部 2022 年 2 月公布了"农业和数字化"路线图,将数字技术列为 2022—2027 年农业和农村发展规划的重点。一是重视农业领域关于数字技术的教育、培训和咨询。法国政府将提升农民的数字技能视为数字乡村建设的基石,并计划通过"农业—创新 2025"加强农业教育与培训的数字化转型。一方面,在专业本科文凭中,强调加强数字能力的教学,以培养农业领域的未来领导者和创新者。同时,法国政府于 2022 年 2 月宣布了"农业与数字化"路线图,将"教育和农业咨询中的数字技术与培训"放在七个事项的首位。另一方面,政府还注重生态农业培训,通过国家教育系统和在线平台提升农业从业人员的专业素质,确保他们能够掌握和应用最新的数字技术,以促进农业生态转型和提升农业竞争力,并推动农业向更高效、可持续的方向发展。法国数字科技已经开始作为重要的教学内容进入了农业教育课堂,担负着人才培养重任的法国各大农业院校纷纷开始有所行动。朗德省(Landes)的公立学校为攻读 BT-SA(农业高级技术员文凭)的学生创建了一个新的教育模块——"无人机"培训课程。在学校里,学生们不仅可以学习到无人机飞行条件、无人机飞行法规、无人机操控等理论课程,而且还可以利用学校提供的模拟器和迷你无人机进行相关实践训练;法国昂热高等农业学院的多个专业已经增设了数字农业相关课程;DigitAG(法国农业创新孵化器)将建立研究生院,以让学生更好地加入数字农业创新研究进程中。除了专业理论知识的教授,法国农业教育体系还非常重视实践技术的培养。在过去 5 年里,法国吉伦特省(Gironde)的农业培训中心一直在提供一种针对配备传感器等高科技设备的农业拖拉机驾驶员的技术培训,在 7 个月的时间里,学生们将学习机械驾驶、无人机或卫星图像的分析,数据分析,精准操作等课程,课程结束后,他们将会获得 Agricapconduite 驾驶文凭。这类驾驶员在农业就业市场非常抢手。二是利用数字化打通食品链供需之间的信息壁垒。法国政府创建高效的畜牧产品跟踪系统，提升了食品链数据的透明度、可靠性，强化了食品的可追溯性，也增强了食品安全性。通过运营相关网站，强化了消费者与生产者之间的直接联系；推进相关项目，规范了农业数据的共享和用户授权流程，确保数据的合法、安全使用；建立了食品工业数据交换平台，促进了数据在食品链各环节的流通和利用；在《欧洲数据战略》的框架下，推动农业数据空间的发展，旨在创建一个安全、可持续的数据共享环境。三是支持农业科技研发，加快促进农业科技产业化。为了促进法国农业向农业生态生产系统转型，法国政府加强农业设备与数字技术的融合发展，特别是加强对农业数字技术及其创新的支持。法国农业商会计划开发一个"农业商店"，使农民可以见到更多法国农业技术公司创建的工具，促进了农业科技的普及和应用；法国依托图卢兹人工智能跨学科研究所（ANITI）和巴黎—萨克雷大学 AI 研究中心，推动农业机器人、环境感知算法等核心技术突破，在南部葡萄酒产区，研究人员利用摄像头和气象数据分析葡萄生长状态，帮助农民预防霜冻灾害；在畜牧业中，通过给奶牛佩戴智能传感器，实时监测健康状况，提高产奶效率。政府通过税收减免吸引达索系统、Orange 等企业参与乡村数字化项目；同时建立"农业技术中心"（Digital Farm Hub）作为产学研对接平台，促成波尔多大学与农机企业 KUHN 合作开发出全球首款由人工智能驱动的自主除草机器人。

再次，构建了完善的数字农业产业链。法国将数字科学技术应用于农业全产业链各个环节，充分发挥数字化独特优势，把法国农业从第一产业、第二产业、第三产业串联在一起，为农业利益相关者提供了全流程的系统化解决方案，促进全产业链的功能价值提升。具体可以分为以下三大环节：①前端：智能化的生产环节。数字科技的加入正在使农业生产活动变得越来越智能化。法国在农业生产环节，主要是依托机器人和传感器两大智能设备，进行精准生产。目前，在法国，50%的法国奶牛养殖农民都配备了挤奶机器人。法国正在努力尝试将农民从繁重或者恶劣的工作环境中解脱出来。农业机器人是法国数字农业领域一大热门专业，大约有 1

300 名机器人技术领域的研究人员对农业机器人的研发感兴趣。位于法国图卢兹于 2011 年创立的 Nao Technologies 是世界六大领先的农业机器人公司之一。基于"促使农业更健康，更人性化，更高效，更环保"的设计理念，Nao Technologies 研发了 ROBOT - OZ（自动除草机器人），RO-BOT - DINO（用于蔬菜种植农场的自动跨式除草机器人），ROBOT - TED（专用于葡萄园的多功能除草机器人）三款主打农业机器人产品。这些除草机器人在实际应用中可以把农民从辛苦并且耗时的除草任务中解放出来，不但提高了生产效率，还增大了生产盈利。此外，在法国，传感器是数字农业的核心要素之一，传感器的应用为法国农业提供了大量极具价值的数据信息。这些传感器可以被安装到无人机上，安装到农业拖拉机上，或者直接植入田间，准确地监控作物生长状况，还可以对农场土地的水含量、氮含量、病虫害情况、杂草生长情况等进行监测，然后再通过相应应用软件将信息进行综合整理与分析，最终反馈给农民。根据传感器提供的图像或数据信息，农业生产利益相关者便能根据农场的实际具体情况更好地对生产投入做出选择，以提高农业产量和农产品品质。目前，法国的农业传感器市场非常活跃，Weenat、Hiphen、CarbonBee 等多家初创公司致力于相关传感器的研究，涉及领域包括温度湿度监测、作物生长监测、疾病早期监测等。②中端：高效化的运营环节。法国通过数字科技打破时间和地理限制，构建了高效化、网络化的农业运营体系，促进了农民、研究机构和企业之间的大规模数据共享与沟通交流，激发了便捷高效的商业合作，从而提升各方利益绩效。Farmstar（农场之星）系统基于卫星和无人机支持，通过作物图像分析和农艺模型系统，为农业生产提供专业咨询意见，并通过 GPS 辅助实现精准农事操作。据 Airbus 数据，这种精准作业使法国农民每公顷小麦节省 57 美元，2016 年服务覆盖 80 万公顷土地，79% 的农场主认为创新科技对农业行业具有重大意义。此外，法国还开发了产品信息平台以优化流通环节，例如 Alkmics 平台作为产品数据云储存库，支持制造商与分销商之间的信息共享与合作。同时，食品溯源手机软件的开发实现了全环节可追溯，保障了粮食与食品安全。在消费端，法国创建了农业电商平台 Agriconomie，通过价格优惠和直接物流配送，提升了交易效率，并在周边国家获得市场认可。③末端：便捷化的平台服务环节。法国农民广泛使用互联网进行农事相关活动，数字化服务平台的推出有效解决了农业服务侧存在的问题。法国目前最热门的农业服务平台之一是一个名为 MiiMOSA 的众筹平台，这个平台可以帮助法国农民筹集资金，开展多元化经营，而不必担心负债压力。MiiMOSA 众筹平台研发了一种众筹方式——"捐赠众筹＋实物补偿"。该众筹方式具体运行方式是这样的：假设一个牧民希望筹资 2 000 欧元建一个奶酪加工作坊，他会在平台发布众筹消息，感兴趣者可以参与出资，最终出资者可以获得参观牧场、体验农家乐、获赠奶酪等实物报酬。这种新兴的众筹平台吸引了众多法国农民的参与，MiiMOSA 众筹平台于 2015 年启动，其官网显示，该平台已拥有 140 000 个会员，进行了 2 200 个项目，筹集到了 140 亿欧元，项目成功率为 85％。

4.5.4　荷兰基于三轮驱动的人工智能助推数字乡村建设的模式

荷兰作为世界领先的现代农业强国和农产品出口大国，其 2023 年农产品出口额高达 1 407 亿美元，位居世界第三。这一成就的背后，是荷兰在数字乡村建设方面的长期实践和探索，尤其是在农业智能化、基础设施建设和农民素养提升等方面，为全球数字乡村建设提供了宝贵的参考范例。纵观荷兰的模式，一是人工智能技术重构农业生产体系。在农业智能控制方面，荷兰积极推广智能设施农业，建成占世界四分之一的玻璃温室，这些温室配备了高度自动化的控制系统，能够有效提升农业的生产效率。例如，智能补光系统能够根据作物生长的不同阶段，动态调整相应的光照强度，这样不仅提升了光资源的利用效率，同时也促进了作物的健康生长。此外，荷兰的设施农业还涵盖了智能灌溉、施肥、温度调节等多个方面，通过精准控制，减少了资源浪费，提高了农产品的质量和产量。在农业智能生产方面，荷兰引入了多种智能农机设备，如无人机、农用机器人和智能分拣机器人，这些设备能够实时监测作物的生长态势，对农产品进行"健康扫描"和快速分类，实现了"看、管、控"等环节的无人化管理，让农业生产变得更加高效。无人机可以快速巡查大面积的农田，及时发现病虫害等问题；农用机器人则可以在温室中自主完成采摘、除草等任务，大大减轻了人工劳动强度。智能分拣机器人能够以高速度和高精度对农产品进行分类，提高了农产品的附加值。在农业信息化管理方面，荷兰农民运用智能技术进行田间监测，收集温度、湿度、土壤质量及病虫害等关键数据，通过云平台进行深入分析，然后指导智能设备进行精准而自动化的农业作业，形成了一套完整的数据采集和管理体系。这种信息化管理方式不仅提高了农业生产的透明度和可追溯性，还有助于农民及时调整生产策略，应对市场变化。

二是数字基础设施支撑乡村数字化转型。为了支撑农业智能化的发展，荷兰在乡村新型数字基础设施建设上也做了大量工作。荷兰采用公私合营（PPP）模式，与电信运营商合作，在乡村地区建立了涵盖人工智能、大数据、数字安全等多个方面的基础设施。通过这种模式，政府和企业共同投资、共同建设、共同运营，既减轻了政府的财政负担，又充分发挥了企业的技术优势和创新能力。高速、安全的基础通信网络逐步覆盖乡村，使得荷兰农村的数字基础设施得到了极大完善，满足了不同应用场景下提升数据传输质量的需求。无论是农业生产中的实时数据传输，还是农村居民的日常互联网使用，都能得到稳定、高效的支持。同时，荷兰还利用传感设备和物联网等数字化手段对传统基础设施进行了改造，使其具备信息采集及智能感知能力。这些改造后的基础设施已经成为数据收集的重要来源，为农业数字化发展奠定了基础。例如，在水利基础设施中安装的传感器可以实时监测水质、水位等信息，为农业灌溉提供科学依据；在交通基础设施中，智能感知设备可以实时掌握道路状况，为农产品的运输提供便利。

此外，荷兰重视农民数字化素养提升。荷兰建立了一个完善的农业教育体系。该体系涵盖初、中、高等教育等多个层次，课程中融入了智慧农业、信息农业和数字农业等模块，为农民提供了全面的数字化知识和技能培训。大部分农业从业人员均具备农业中专及以上学历，农业技术推广人员则多毕业于农业院校，这使得荷兰农民具备了较高的数字素养水平。另外，荷兰还通过立法保障农民有机会参加相关的教育与培训，确保所有农民都能接受免费教育培训，提升其职业技能。政府设立了专门的农业教育培训机构，为农民提供定期的培训课程和技术指导。这些培训课程不仅包括理论知识的学习，还注重实践操作能力的培养，让农民能够熟练掌握各种智能农机设备的操作方法和数据分析工具的使用技巧。通过这种持续的教育培训，荷兰农民不仅能够适应数字乡村建设的需求，还能够在农业生产中进行技术创新，为数字乡村建设提供有力的人才支撑。高素质农民的涌现，为荷兰农业的可持续发展注入了新的活力，也为全球数字乡村建设提供了宝贵的经验借鉴。

4.5.5 欧洲国家对我国人工智能助推数字乡村建设的启示

（1）构建政策与技术协同的制度保障体系

数字乡村建设需要顶层设计与政策支持的双重驱动。欧洲国家在数字乡村建设中，普遍重视政策法规体系的构建。例如，英国通过《英格兰乡村品质生活规划》《英国农村战略》等法规，为乡村数字化转型提供了明确的政策支持和资金保障；德国发布《农业数字政策未来计划》，强化农业数字化工作，并安排专项资金支持农业部门数字化建设；法国通过《人工智能法案》等，明确 AI 技术在乡村应用中的伦理规范与数据安全标准，设立专项基金支持乡村数字化项目。这些政策法规的制定与实施，为数字乡村建设提供了制度保障和资源支持。因此，中国在人工智能助推数字乡村建设中，应进一步完善政策法规体系，加强顶层设计。近年来，中国已出台《数字乡村发展战略纲要》《"十四五"全国农业信息化发展规划》等政策文件，明确了数字乡村建设的目标和任务。然而，与欧洲国家相比，中国在政策的系统性和协同性方面仍有提升空间。未来应加强政策法规的顶层设计，确保政策的连贯性和稳定性，同时注重政策的落地实施，加强对地方的指导和支持，鼓励各地因地制宜地探索适合当地的数字乡村发展模式。

（2）强化资金投入与保障

欧洲国家在数字乡村建设中，普遍通过政府主导、多方参与的方式筹集资金。例如，德国通过"智能农村计划"为选定地区提供专项资金支持，法国通过"农业—创新2025"计划提供项目招标资金，支持农业科技企业的发展。这些资金投入机制为数字乡村建设提供了重要的物质保障。因此，中国在人工智能助推数字乡村建设中，应进一步加大资金投入力度，建立多元化的资金保障机制。一方面，政府应加大对数字乡村建设的财政支持力度，设立专项基金，支持乡村数字基础设施建设、人工智能技术研发和应用推广；另一方面，应鼓励社会资本参与数字乡村建设，通过公私合营（PPP）模式，吸引企业、社会组织等多方力量共同参与，形成政府引导、市场主导、社会参与的多元化资金投入格局。

（3）夯实数字基础设施建设

一方面，欧洲国家在数字乡村建设中，高度重视网络基础设施的普及与提升。例如，英国推出"农村千兆位全光纤宽带连接计划"，确保乡村地区的高速网络覆盖；德国通过公私合作模式，重点推进农村地区高速宽带和5G网络建设，确保农业部门在数字基础设施建设方面的利益，为符合条件的数字农业支出提供高达90%的补贴。因此，中国在人工智能助推数字乡村建设中，应进一步加快乡村地区的网络基础设施建设，提高网络覆盖质量，缩小城乡数字鸿沟。近年来，中国已实施"宽带乡村"工程，推动光纤网络向乡村延伸，但乡村地区的网络覆盖质量和稳定性仍需进一步提升。未来应继续加大投入，推动5G网络在乡村地区的普及应用，确保乡村居民能够享受到与城市居民同等质量的网络服务。

另一方面，欧洲国家在数字乡村建设中，注重对传统基础设施的数字化改造。例如，德国在水利基础设施中安装传感器，实时监测水质、水位等信息，为农业灌溉提供科学依据；荷兰通过传感设备和物联网等数字化手段，对传统基础设施进行改造，使其具备信息采集及智能感知能力。因此，中国应借鉴欧洲国家的经验，加大对传统基础设施的数字化改造力度。可以在农田水利设施中安装传感器，实时监测土壤湿度、温度等数据，为精准农业提供支持；在交通基础设施中，安装智能感知设备，实时掌握道路状况，为农产品运输提供便利。通过这些改造，可以提高乡村基础设施的智能化水平，为数字乡村建设奠定坚实基础。

（4）培育数字人才与提升农民数字素养

一方面，欧洲国家在数字乡村建设中，普遍重视农民的数字素养提升。例如，英国通过提供教育和培训机会，提高乡村居民的数字素养和技能；德国推出"数字战略 2025"，将数字化教育引入公民各个人生阶段，并对农业生产者有针对性地提供农业物联网、农业电商、农业大数据等领域线上培训和技术指导；法国通过"农业—创新 2025"加强农业教育与培训的数字化转型，提升农民的数字应用技能。因此，中国在人工智能助推数字乡村建设中，可以建立多层次、多形式的数字教育培训体系，针对不同年龄段、不同文化程度的农民，开展个性化的数字技能培训。近年来，中国已实施高素质农民培育工程，为农民提供数字技能培训，但培训的覆盖面和效果仍需进一步提升。未来应进一步加大对农民数字素养培训的投入，建立覆盖全国的数字教育培训网络，确保所有农民都能接受免费的教育培训，提升其职业技能。

另一方面，欧洲国家在数字乡村建设中，注重将数字教育纳入国民教育体系。像法国通过"农业—创新 2025"计划，将数字技术作为农业教育的重要内容，培养农业领域的未来领导者和创新者。因而中国可以将数字教育纳入国民教育体系，从基础教育阶段就开始培养青少年的数字素养。同时，应加强对农村中小学的数字教育资源投入，确保农村学生能够享受到与城市学生同等质量的数字教育。此外，还应通过立法保障农民的教育培训权利，确保所有农民都有机会接受数字技能培训，为数字乡村建设储备人才。

（5）构建产学研用一体化的创新生态

欧洲国家在数字乡村建设中，注重构建产学研用一体化的创新生态。例如，英国乡村地区注重培育和发展以人工智能为核心的产业集群，形成政府、企业、科研机构等多方主体协同创新的生态系统；法国依托科研机构，促进产学研合作，推动农业传感器、农用机器人等前沿技术实现集中攻关，并通过政策支持农业科技企业的发展，推动农业科技成果的转化和应用。因此，中国在人工智能助推数字乡村建设中，应积极推动数字乡村产业协同发展，加强政府、企业、科研机构等多方合作，构建产学研用一体化的创新生态。近年来，中国已实施"互联网＋"行动，推动数字技术在农业生产、加工、销售等环节的应用，但产学研用的协同效应仍需进一步提升。未来可以加强农业科技创新平台建设，支持科研机构与企业开展联合项目，加速数字技术在农业领域的转化和应用，推动乡村产业的数字化、智能化升级。

5 我国人工智能促进数字乡村建设的实践 ///////////////////////////////////////

　　数字乡村是乡村振兴的战略方向，也是以信息化驱动中国式现代化的具体行动。自 2018 年中央 1 号文件首次提出实施数字乡村战略以来，数字乡村建设的顶层设计、标准规范逐步完备，数字基础设施持续完善，人工智能在智慧农业、乡村数字经济、乡村数字治理与乡村数字普惠服务等重点领域的典型应用与优秀实践不断涌现，首批国家级数字乡村试点工作顺利如期完成，第二批国家数字乡村试点工作正式开展部署，农业农村数字化发展成效凸显。因此，本研究拟总结我国人工智能促进数字乡村建设的实践经验，提炼可复制的可持续发展模式，为其他地区提供参考，助力数字乡村建设再上新台阶。

5.1　人工智能驱动智慧农业发展的实践

　　近年来，随着人工智能技术与物联网、大数据和云计算的深度融合，人工智能在智慧农业领域的应用愈加广泛，成为推动数字乡村建设的重要抓手。

5.1.1　精准农业的典范——四川蒲江县智慧农业示范区

　　在蒲江县的智慧农业示范区内，物联网传感器如同敏锐的触角，深入田间地头，实时感知土壤湿度、养分含量等关键数据。这些数据通过高速网络传输至云端，再经由人工智能算法的深度分析，为精准灌溉与施肥提供了科学依据，不仅使水资源利用率显著提升，还大幅减少了化肥的使用量，降低了农业生产成本，同时减少了对环境的污染，实现了农业生产的绿色转型。在病虫害防治方面，高清摄像头与 AI 图像识别技术的结合，构建起了一套高效的病虫害智能监测系统，能够提前预警病虫害的发生，为农户提供了宝贵的防治时间窗口，使得农药的使用量大幅减少，农产品更加绿色安全；在农田作业方面，无人驾驶拖拉机和智能收割机等智能农机设备的引入，结合北斗卫星导航系统的高精度定位，实现了农田作业的自动化和高效化。不仅提高了作业精度，还降低了劳动力成本，尤其是在劳动力短缺的地区，其优势尤为凸显。蒲江县还构建了智慧农业大数据平台，整合了气象、土壤、作物生长等多源数据，为农户提供了全面的决策支持。农户可以根据平台提供的数据和分析结果，制订更加科学合理的种植计划，从而实现收益最大化。这些做法使蒲江县农业生产效率提升了30%，化肥和农药使用量减少了 20%，农产品品质显著提高，市场竞争力增强。2022 年，示范区实现农业产值增长 15%，带动周边农户增收显著，为数字乡村建设提供了有力支撑。

5.1.2 智能化管理的先锋——河北望都县高优农业技术服务专业合作社

河北望都县高优农业技术服务专业合作社的实践，为乡村数字经济的发展提供了又一个生动范例。该合作社通过搭建物联网智慧农业平台，实现了农业生产全程智能化管理。在田间，多功能气象站实时监测温度、湿度、风速等气象数据，这些数据经由人工智能算法分析后，能够提前预警寒潮、暴雨等灾害性天气，为农户提供了重要的灾害预防支持。利用无人机搭载多光谱相机，合作社实现了对作物长势的实时监测，结合 AI 分析优化精准施药和水肥一体化管理，显著提高了资源利用效率。具体是通过分析作物的生长状况，合作社能够精确地确定施肥和施药的时间与剂量，避免了资源的浪费和环境污染。北斗导航技术的应用，使得拖拉机无人驾驶成为可能，极大地提升了作业精度和效率。合作社还建立了农产品全程溯源体系，通过物联网技术确保农产品质量，增强了市场信任度。消费者可以通过扫描产品上的二维码，获取农产品从种植到收获的全过程信息，这种透明度极大地提升了消费者对产品的信任度，从而提高了产品的市场价值。这些措施使农业生产效率提升了 25％，粮食产量增加了 10％，农户年均收入增长了 20％，合作社成员扩展至 1 200 户，带动周边农户就业 100 余人，体现了智慧农业在提升生产效率和促进农民增收方面的巨大潜力。

5.1.3 全生命周期管理的创新——河北邱县空天地一体化数字农田感知体系

河北邱县与科研机构的紧密合作，构建了空天地一体化的数字农田感知体系，实现了农业生产的全生命周期管理。卫星遥感和无人机技术的应用，使得农田作物生长数据的实时获取成为现实，结合 AI 分析优化种植方案，为农业生产提供了科学依据。智能传感器的部署，实现了对土壤湿度和病虫害情况的实时监测，结合 AI 模型实现了精准灌溉和病虫害预警，有效降低了农业生产成本。邱县还构建了农业大数据平台，整合气象、土壤、作物等多源数据，为农户提供全面的决策支持。这些技术的应用使农作物产量提升了 15％，节水节肥效果显著，农业生产成本降低了 20％，农户收入稳步增长，为其他地区提供了可复制的智慧农业模式，推动了数字乡村建设的全面展开。

总的来说，人工智能与物联网、大数据的结合，为农业生产提供了精准化、智能化的解决方案，显著提升了生产效率和资源利用率，进而促使智慧农业提升农产品质量和市场竞争力，带动农民增收和农村经济发展。这些成功经验为其他地区提供了宝贵的借鉴，推动了数字乡村建设的全面展开。

5.2 人工智能驱动数字乡村治理的实践

在乡村振兴战略的持续推进下，乡村数字治理已成为提升农村地区治理效能的重要抓手。人工智能作为数字技术的核心组成部分，正通过智能化、精准化的应用模式，重塑乡村治理的体系与流程，为传统乡村治理模式注入强大动力。

5.2.1 数字治理的全方位革新——云南楚雄市"5G＋数字乡村"综合服务云平台

云南楚雄市通过"5G＋数字乡村"综合服务云平台，实现了乡村数字治理的全方位革新。中国移动云南楚雄分公司结合 5G、云计算、大数据、物联网、超高清视频监控、人工智能等信息技术，部署算力网络，打造了融合数字农业、数字治理、数字服务、数字经济的 OneVillage 数字乡村云平台，不仅推动了民生服务的便捷高效，还促进了乡村经营的链上增值，为乡村治理提供了强大的技术支持。在民生服务方面，楚雄市通过"互联网服务"筑牢民生保障网，深入推进"网购式指尖政务服务"体系建设，建成市政务服务网上大厅，上线 22 个主题、1 400 多个事项，服务事项网上可办率达 99％，累计经办事项 167.71 万件，实现政务服务"一网通办"。这种高效的政务服务模式，极大地提升了村民办事的便利性，减少了时间和精力的消耗。同时，依托"一部手机就业通"等人社信息化平台，楚雄市实现了 13.86 万人的转移就业创业，为村民提供了更多的就业机会和创业支持。在乡村治理方面，楚雄市加快市、乡、村三级区域医共体应用平台建设，实现医疗业务系统和基本公共卫生系统的互联互通，激活医保电子凭证 38.15 万人，实现了 552 家定点医疗机构信息化全覆盖。这不仅提高了医疗服务的效率和质量，还为村民的健康提供了更加坚实的保障。此外，还扎实推进了乡村数字校园建设，建立城乡教育一体化管理应用体系，投资 4 500 万元建成"楚雄教育云平台"，实现全市所有农村学校校园网络全覆盖、班班通，促进了城乡义务教育的均衡发展。

楚雄市的实践表明，人工智能与 5G 技术的结合，为乡村数字治理提供了一种全新的模式，不仅提升了治理效率，还增强了服务的精准性和覆盖面，为乡村治理现代化奠定了坚实基础。

5.2.2 智能治理、产业革新与民生提升的多维实践——浙江德清县五四村"数字乡村一张图"

首先，浙江省德清县五四村以"数字乡村一张图"为核心，探索出一条乡村治理的智能化路径。该村依托地理信息数据服务平台，整合自然资源、农业、水利、交通等 17 个部门 232 类数据图层，构建三维实景地图与电子围栏技术融合的数字底座。通过北斗定位、遥感影像和 534 个物联感知设备，形成覆盖村庄生产、生活、生态的全域感知网络。系统实时采集水质量、空气质量、垃圾分类等 282 类数据，并与德清县"城市大脑"平台互联互通，共享时空信息、基层治理四平台等 13 个系统数据。在实际应用中，平台通过大数据碰撞分析，精准识别基础设施故障、环境异常等问题，例如对易腐垃圾收集量的实时监测，有效引导村民参与垃圾分类；通过智能视频分析，自动识别渣土车抛洒滴漏、骑电动车人未戴头盔等行为，提升管理效率。自平台上线以来，累计处理环境污染、邻里纠纷等问题 180 余件，处置时间从 5 个工作日缩短至 3 小时，村级事务管理效率显著提升。这不仅实现了乡村空间要素的可视化呈现，更通过数据驱动决策，为全国乡村治理现代化提供了可复制的样本。

其次，五四村以数字技术为杠杆，撬动传统农业与文旅产业的深度融合。通过建立农村综合产权流转交易体系，全村 3 000 余亩耕地实现 100% 流转，并引入红枫、"中国红"玫瑰、优质葡萄等建立九大生态种植基地，形成"企业＋合作社＋农户"的运营模式。借助数字乡村平台，管理者可实时查看农业园区、家庭农场、19 家民宿的经营分布与收入结构，为精准制定产业政策提供依据。该村将三维实景地图与产业规划叠加，明确"一心一轴一环两片"空间布局，推动现代农业、红色研学、康体运动等多元业态协同发展。例如，通过分析游客来源与驻留时长数据，优化观光采摘路线设计；利用电子围栏技术监测人流密度，及时启动应急疏导方案。2022 年，村集体经济收入达 654 万元，较 2019 年增长 27.5%，村民人均可支配收入 5.5 万元，较三年前增长 9.8%。实现村民增收与村集体经济发展的双赢。

再次，五四村将人工智能技术与民生服务深度结合，打造"云端网格化"治理新范式。通过"浙里办"政务平台延伸服务触角，实现就业信息推送、签约医生上门问诊、居家养老等40余项服务"掌上办"。基层治理四平台与数字乡村系统无缝对接，实时呈现村民诉求的分类处理进度，践行"小事不出村"的服务理念。在公共安全领域，智能感知设备发挥关键作用：台风预警期间，系统自动向村民群发避灾信息；通过视频监控智能识别异常情况，2022年累计拦截未戴头盔骑行行为120余次。针对老年群体，平台整合医疗健康数据，为独居老人提供紧急呼叫联动服务。此外，数字技术还重塑了村民参与治理的方式——垃圾分类数据实时公示激发村民自觉性，电子投票系统助力村规民约修订，数字化手段使传统乡村治理向"共建共治共享"转型。这种以数据为纽带、技术为支撑的治理模式，有效降低了管理成本，提升了村民获得感。

最后，五四村以新型基础设施建设为突破口，率先建成浙江省首个村级5G全覆盖示范点。通过布设5G基站、物联网感知终端、数据传输网络等设施，构建起"空天地一体化"的数字基座。在交通领域，试行的5G无人驾驶微公交依托高精度地图导航，实现村内观光路线的智能化运营；在文旅服务中，三维实景地图为游客提供沉浸式导览体验。数字技术的深度应用还体现在生态保护方面：智能灯杆集成环境监测功能，实时反馈空气质量；水分传感器动态监控河道水位，为防汛抗旱提供决策支持。更值得关注的是"木芽乡村青年创客空间"的建立，吸引青年人才开发智慧灌溉、能耗管理等应用程序，形成了"技术研发—场景落地—产业孵化"的创新生态。这些实践表明，数字基础设施建设不仅提升了乡村治理水平，更催生了新业态、新模式，为乡村振兴注入持续动能。

总之，五四村的实践探索证明，人工智能能够有效破解乡村治理碎片化、产业升级滞后等难题，其经验为全国数字乡村建设提供了重要启示。

5.2.3　数字孪生赋能乡村治理——河南西峡县"数字孪生社会"建设

首先，河南省西峡县以山区县的地理特点和基层治理需求为基础，科学规划"村振数字乡村服务平台"架构，通过数字化技术构建覆盖全域的"数字孪生社会"。平台结合县、乡、村、网格四级治理体系，设置 100 多个角色权限和 120 多个工作台，全面兼容各级领导干部、基层党员、网格员及群众的多场景需求。平台采用政府主导、企业主体的运营模式，依托互联网、大数据、云计算等技术，推动全县 45 万常住人口中 10.8 万户居民实名注册，户注册率达 94.3%。通过"人联网"理念，实现各级治理主体全量迁移至数字世界，构建起横跨 19 个乡镇（街道）、295 个行政村（社区）的数字化治理网络。平台功能覆盖政策传达、事务管理、民意采集等 120 多项服务，累计发布通知公告、工作日记等 5 778 次，触达479.5 万人次。利用该平台网格员可通过移动端实时上报问题，系统自动分派至对应部门处理，大幅提升响应效率。由此解决了山区县村庄分散、人口不均的治理难题，还通过数字化手段将基层事务管理标准化、可视化，为精细化治理奠定基础。

其次，平台纵向贯通"县—乡—村—网格—户—群众"六级体系，横向整合 41 个县直部门，构建起跨层级、跨部门的协同治理机制。县级部门可通过平台直接向村级网格员下发任务，基层问题也可实时反馈至县直部门，减少中间环节耗时。推动治理资源向基层倾斜，累计完成 32.45 万条干群协作记录，服务响应效率提升 60% 以上。同时，平台整合民政、农业、应急等多部门服务入口，群众可通过单一端口办理社保查询、农技咨询等业务，真正实现"数据多跑路，群众少跑腿"。同时，通过 AI 智能分拨系统，基层事务处理时长从平均 3 天缩短至 8 小时内，群众满意度达92%。此外，平台还建立"线上培训"模块，针对基层干部开展数字化能力培训，累计覆盖 1 600 余名干部，有效解决其数字化技能薄弱问题。这种全域联动的模式不仅减轻了基层负担，更以技术手段弥合了城乡服务差距，成为破解"最后一厘米"难题的关键实践。

最后，西峡县通过人工智能与大数据的深度融合，构建全域民情感知与风险预警体系。平台集成"书记信箱""在线问政""随手拍"等交互功能，群众可随时反馈问题，系统利用自然语言处理技术对海量信息进行智能分类与情感分析，识别矛盾热点并生成风险图谱。再加上决策辅助系统可以实时向县领导呈现分析结果，助力精准施策，使 80% 以上矛盾在萌芽阶段化解。比如，针对频繁反映的农田灌溉问题，平台自动推送预警至水利部门，推动了 15 个村庄管网改造。同时，平台创新引入积分激励机制，用户参与事务讨论、问题上报等行为均可累积积分，积分可兑换生活用品或服务权益。线下结合积分开展"最美庭院""文明家庭"评选活动，形成线上线下联动治理生态。截至 2023 年，平台累计发放积分 3 579 万分，激发群众参与治理超 50 万人次，基层自治事件处理量同比增长 3 倍。这一模式不仅提升了群众参与感，更将传统行政主导治理转化为多元共治，为乡村治理注入可持续动力。

总之，西峡经验证明，数字化治理需兼顾技术赋能与机制创新，通过市场化手段实现可持续运营，方能真正推动乡村治理从"数字化工具应用"向"治理生态重构"跃升。

5.3 人工智能驱动乡村新业态涌现的实践

人工智能正在深刻改变乡村经济和社会发展的格局，成为推动乡村新业态涌现的重要驱动力。通过智能化技术的应用，乡村地区正在探索出一系列创新模式，涵盖农村电商、智慧物流、乡村旅游等多个领域，为乡村振兴注入了新的活力。

5.3.1 人工智能驱动乡村旅游的实践

随着量子计算技术与 AI 的融合，人工智能将推动乡村旅游从消费型经济向共创型经济转型，游客通过参与 AI 辅助的乡村规划、文化创作等过程，成为乡村旅游价值共创的主体，为数字乡村建设注入可持续发展的内生动力。

首先是乡村旅游规划的智能化转型。在乡村旅游的规划阶段，人工智能技术正在重塑传统旅游业态的逻辑起点。利用深度学习算法对海量用户行为数据的挖掘，AI行程助手能够精准捕捉游客的个性化偏好，生成涵盖景点、餐饮、住宿的定制化线路。以浙江丽水为例，丽水构建的"一机游"平台中，智能系统根据游客的年龄、消费习惯和社交网络数据，动态调整行程建议，实现"千人千面"的旅游体验。这种基于大数据的预测模型不仅优化了资源配置，还通过实时交通预测系统规避了景区拥堵风险。此外，智能住宿推荐平台利用计算机视觉分析民宿的环境特征，结合用户评价语义分析，为游客提供高匹配度的住宿选项。在贵州"云游贵州"平台的实践中，AI算法通过分析游客的历史足迹和社交分享数据，生成符合其兴趣的乡村线路，使游客停留时间平均延长 2.3 天，直接推动了乡村旅游经济的内生增长。

其次是景区管理的智慧化升级。景区管理层面，人工智能正构建起全时空感知的智慧管理体系。以成都龙泉驿桃花故里的智能分拣系统为例，该系统通过深度学习算法对桃子的色泽、形状进行图像识别，实现了 90% 以上的精准分拣率，解决了传统农业旅游中农产品标准化难题。在贵州黄果树生态度假区，智能排队系统通过物联网传感器实时监测景区客流量，利用排队时间预测算法动态分配游客，使平均等待时间缩短 47%。智能导览系统的应用更为典型，基于 GPS 定位与增强现实技术的导览机器人能够提供多语言讲解服务，同时通过情感计算技术识别游客情绪状态，适时调整讲解内容。在云南"游云南"平台的实践中，区块链技术与 AI 导览系统的结合，不仅实现了景区信息的不可篡改存储，还通过智能合约优化了门票分配机制，使景区资源利用率提升了 31%。

再次是文化体验的沉浸式重构。文化体验维度，人工智能正在颠覆传统乡村旅游的感知方式。以浙江丽水的"山耕农旅智能体验店"为例，虚拟现实技术与农业物联网的融合，使游客能够通过 VR 头盔实时观察无土栽培系统的运作原理，同时通过手势识别技术与智能机器人互动，完成虚拟种植体验。在贵州青岩古镇，AI 导游软件通过自然语言处理技术实现多轮对话，能够根据游客的提问深度生成差异化讲解内容，其知识图谱覆盖了古镇历史、建筑风格、民俗传说等 12 个维度。更值得注意的是，部分景区开始应用数字孪生技术构建虚拟文化场景，游客通过数字分身进入虚拟空间，与 AI 驱动的虚拟文化传承人进行互动，这种时空解构式的体验模式使文化传承的深度与广度得到指数级扩展。

再就是智能服务生态的系统性构建。服务生态层面，人工智能正在构建覆盖游前、游中、游后的闭环服务体系。在游前阶段，智能客服机器人通过情感分析技术识别用户咨询中的潜在焦虑点，提供针对性解决方案，其响应速度比人工客服提升 8 倍。游中阶段，智能支付系统通过人脸识别技术实现"无感支付"。在贵州赤水旅游综合体的试点中，游客平均支付时间缩短至 3 秒，支付效率提升 92%。游后阶段，智能反馈系统利用文本挖掘技术分析游客评价，自动提取关键问题并生成改进方案。在江苏乡村旅游平台中，该系统通过对 5 万余条游客评论的语义分析，精准定位了景区标识系统、无障碍设施等 17 个改进方向，使游客满意度提升了 28%。

最后是产品创新的数字化驱动。产品创新领域，人工智能催生了乡村旅游的全新业态。数字藏品平台通过生成对抗网络（GAN）技术创作具有唯一区块链标识的乡村文化数字资产，游客购买后可获得实体景区的优先参观权或限量版文创产品。在四川乡村旅游复苏计划中，AI 驱动的智能分拣设备使农产品的品相合格率提升至 95%，同时通过计算机视觉技术生成的"农产品数字身份证"，使游客能够追溯种植过程，这种透明化的供应链管理使农产品溢价达到 15%。更值得关注的是，部分景区开始应用 AI 生成技术创作沉浸式文旅内容，通过神经网络算法生成的乡村传说动画短片，在社交媒体上的传播量达到传统宣传方式的 14 倍，有效拓展了乡村旅游的市场边界。

5.3.2 人工智能驱动农村电商的实践

随着数字技术的飞速发展，人工智能在农村电商领域的应用逐渐成为推动乡村振兴的重要力量。农村电商作为连接农村与城市、农业与市场的桥梁，是实现农村经济可持续发展的重要途径。近年来，广西全州县和浙江杭州市临安区在人工智能赋能农村电商方面进行了积极探索，取得了显著成效。全州县通过"政、校、企、农"多方合作，构建了数智助农新生态，推动了农产品上行与工业品下行的双向流通；而临安区则通过数字乡村建设，形成了完备的农产品电商产业体系，为其他地区提供了可借鉴的经验。

（1）广西全州县人工智能赋能农村电商的实践

全州县地处桂北地区，是典型的农业大县，素有"鱼米之乡、桂北粮仓"之称，拥有丰富的农产品资源和深厚的农业基础。近年来，全州县积极探索利用人工智能技术推动农村电商发展的新路径，以实现农业增效、农民增收、农村增色的目标。2025年3月27日，全州县在才湾镇毛竹山村正式启动了人工智能赋能乡村振兴暨电商直播孵化平台。该平台由全州县人民政府联合桂林电子科技大学商学院共同打造，通过整合政府、高校、企业以及农户的多方资源，构建了一个集电商直播、智慧农业、品牌孵化、产业升级等功能于一体的数字化服务平台。平台的启动标志着全州县数字乡村建设迈入了新的阶段，为人工智能技术在农村电商领域的应用奠定了坚实基础。

在电商直播与人才培养方面，全州县通过实施"每月电商培训"计划，邀请院校专家和头部主播授课，培训内容涵盖短视频制作、直播技巧、供应链管理等多方面知识，培养了一批既懂农业又懂电商的"新农人"。这些"新农人"成为推动全州县农村电商发展的中坚力量，通过毛竹山幸福直播间等平台，将全州县的特色农产品推向了全国市场。例如，全州红油米粉、金槐茶等特色产品通过直播平台吸引了大量消费者，提升了全州县农产品的品牌知名度。在特色农产品展销与品牌推广方面，全州县通过线下展销与线上直播相结合的方式，将全县 18 个乡镇的特色农产品推向全国市场。在平台启动仪式上，全州县精心组织了全县 18 个乡镇的特色农产品展销活动，展品种类丰富，包括国家地理标志农产品、非遗美食等。通过线下展销与线上直播相结合的方式，全州县的农产品得到了广泛宣传和推广。同时，全州县通过人工智能技术对农产品的生产、加工、销售等环节进行全程溯源，提升消费者对农产品的信任度。在智慧农业与产业融合方面，全州县在毛竹山村 5G 智慧果园和两河镇桃李示范基地安装了 5G 智慧农业监测系统，通过实时监测土壤墒情、温度、气压等数据，为农业生产提供精准的决策支持。同时，全州县积极探索"人工智能＋农旅融合"模式，通过人工智能技术赋能乡村旅游服务管理，提升游客体验。

（2）浙江临安区人工智能助力农村电商的实践

临安区属于典型的山区，农村地域面积占全区总面积的 80％，农村户籍人口占总人口的 78.76％。以"山核桃""竹笋""小香薯"等为代表的农产品面临着"小农户"与大市场的有效对接问题。近年来，临安区委、区政府大力实施"电商换市"工程，着力搭建平台、完善配套、健全政策、优化服务，推动农村电子商务全面铺开和转型升级。在线上平台建设方面，临安区在还没有设区之前是最早与阿里巴巴进行网上平台对接的县级市，也是唯一拥有阿里"一带一馆"的县级市。2013 年 5 月，建立阿里巴巴临安产业带；同年 9 月，引入"淘宝·特色中国·临安馆"。到 2016 年，全区已有 340 家企业入驻产业带，243 家企业入驻临安馆，实现线上集聚。目前全区共有淘宝、天猫、京东等注册零售网店 4 600 余个，网络销售额近 50 亿元，其中农产品销售额为 42 亿元，占比达 84％。在线下集聚方面，临安区注重电商园区建设和经营主体培育。主体为杭州白牛电商小镇项目，计划用 3～5 年时间，投资 30 亿元，打造集创业、孵化、培训、农旅于一体的电商产业特色小镇。目前已成立杭州白牛电商小镇发展有限公司作为投融资平台，完成总体性概念规划和三年行动计划。同时，临安区注重培育电商产业带，制订电商产业布局和发展规划，引导传统家庭小作坊向种植、加工、销售、运营等明晰的分工体系升级。在服务站点建设方面，临安区建成临安区、清凉峰镇和白牛村三个电商公共服务中心，提供电商代运营、策划、摄影和培训等公共服务。截至 2018 年 7月，建成村淘和村邮乐购服务站点 425 个，实现镇（街）全覆盖。同时，临安区实施电商万人培训计划，累计开展各类培训 400 多期，受训人员达到 38 000 人次。开展"电商伙伴计划"，与浙江农林大学、浙江工商大学和杭州电子科技大学等高校建立战略合作伙伴关系，建设农村电商服务平台和大学生实践基地。

总之，全州县和临安区的实践表明，人工智能技术在农村电商领域的应用取得了显著成效。全州县通过人工智能赋能，实现了农产品上行与工业品下行的双向流通，推动了农业产业化发展，增加了农民收入。临安区通过数字乡村建设，形成了完备的农产品电商产业体系，提升了农产品的品牌价值和市场竞争力，促进了农村经济的可持续发展。全州县和临安区的实践为其他地区提供了有益的启示。首先，政府在推动农村电商发展过程中应发挥引导作用，通过整合多方资源，形成政府、高校、企业、农户协同发展的良好局面。其次，加强农村电商人才队伍建设，提升农民的数字素养和电商技能，是推动农村电商可持续发展的核心环节。再次，推动农业与电商、旅游、文化等产业的深度融合，是提升农村电商附加值的重要途径。最后，通过品牌建设提升农产品的市场竞争力，是推动农村电商高质量发展的重要手段。

5.4 人工智能驱动数字乡村文化建设的实践

随着人工智能技术的飞速发展，其在文化领域的应用日益广泛。数字文化建设作为文化传承与创新的重要手段，借助人工智能技术实现了从传统模式向智能化、数字化的转型。在这一过程中，人工智能不仅为文化遗产的保护与展示提供了新的技术手段，还为文化资源的传播与利用开辟了新的途径。本研究通过分析渠县汉阙文化博物馆和曲阳县的实践案例，探讨人工智能在数字文化建设中的具体应用及其成效，展示人工智能如何通过数字化手段，让古老的文化遗产焕发出新的生机与活力，同时也为其他地区提供可借鉴的经验。

（1）四川渠县汉阙文化博物馆的数字化创新实践

四川省渠县汉阙文化博物馆的数字化保护与管理实践是人工智能技术在文化遗产保护领域的典型应用。通过建立"汉阙智慧管理服务系统"，渠县将全县六处七座汉阙的信息管理、文物安全、属地管理等多维度数据集成于一体，打破了跨部门协同管理的壁垒，不仅实现了文物分级分类的综合监管，还通过数字化手段对汉阙进行实时监测和预警，有效提升了文物保护的科学性和精准性。系统能够自动推送文物消防设施设备、安防监控和结构、环境等专项监测的预警数据及报警信息，并第一时间提示文物部门与相关部门、属地镇村对可能发生的文物安全事件进行预判预防，对突发事件进行应急处置。这种扁平化的管理模式简化了管理流程，提高了工作效率，为汉阙的长期保护提供了有力保障。在数字化保护方面，渠县利用现代科技手段对汉阙进行虚拟修复和数字化建模。通过 3D 扫描技术，对汉阙的每一个细节进行高精度扫描，生成立体模型，并通过计算机辅助设计（CAD）技术进行虚拟修复。这一过程不仅保留了汉阙的原始风貌，还通过数字化手段对其进行了修复和重建，使公众能够更直观地了解汉阙的历史价值和艺术价值。此外，数字化建模还为汉阙的保护和研究提供了重要的数据支持。通过对模型的分析，研究人员可以更准确地评估汉阙的结构稳定性、材料老化程度等问题，从而制定更科学的保护方案。在管理方面，渠县通过数字化手段实现了文物信息的高效管理和共享。文物工作者可以通过文物巡查小程序开展日常监管，自动录入所发现的问题和隐患整改结果。这种数字化的管理方式不仅提高了工作效率，还减少了人为因素对文物管理的干扰。同时，数字化管理系统还为文物的保护和研究提供了强大的数据支持。通过大数据分析，管理人员可以更准确地了解文物的保护状况，制定更科学的保护策略。此外，数字化管理系统还实现了文物信息的共享，方便了研究人员、游客和公众对汉阙文化的了解和研究。

另外，针对汉阙不可移动的特点，渠县汉阙文化博物馆采用了一系列数字化展示与体验技术，为观众提供了全新的文化体验。首先，博物馆利用 3D 数字还原技术和多媒体展示手段，通过烽火云端展陈漫游系统实现汉阙的虚拟修复和全方位展示。观众可以通过虚拟现实（VR）设备，身临其境地感受汉阙的建筑艺术和历史文化，不仅突破了传统博物馆展示的空间限制，还为观众提供了更加丰富和生动的视觉体验。其次，博物馆引入高亮度工程投影、LED 拼接巨幕、LCD 一体机等数字播放设备，结合 CG 特效制作，为观众提供沉浸式的视听体验。这些设备不仅能够展示汉阙的高清图像和视频，还能通过特效制作增强展示效果，使观众仿佛置身于汉代的历史场景之中。在展示汉阙建筑结构时，通过 CG 特效可以清晰地展示其榫卯结构和雕刻工艺，让观众更直观地了解古代建筑的精妙之处。此外，博物馆还利用三维技术开展数字化场景互动，观众可以通过触摸屏幕放大、缩小、旋转文物模型，全方位了解文物细节。这种互动式展示方式不仅增强了观众的参与感，还充分调动了观众的视觉、听觉、触觉等多种感官感受，实现了沉浸式体验。在数字化展示与体验方面，渠县汉阙文化博物馆还注重与现代科技的结合。博物馆通过互联网平台，将汉阙文化推向更广泛的社会群体。观众可以通过手机、电脑等设备随时随地浏览汉阙文化博物馆的虚拟展厅，了解汉阙的历史和文化价值。

渠县汉阙文化博物馆通过数字化手段拓展文化传承与教育的渠道，为文化遗产的可持续发展奠定了基础。博物馆联合当地学校开展了一系列研学活动，如诗歌朗诵、舞蹈表演、考古发掘、小小解说员等，让青少年在实践中感受汉阙文化的魅力。这些活动不仅丰富了学生的课外生活，还增强了他们对本土文化的认知和保护意识。此外，博物馆还通过"互联网＋"技术，将汉阙文化推广到更广泛的社会群体。通过举办线上文化讲座、虚拟展览等活动，博物馆吸引了大量国内外观众的关注。这些活动不仅提升了汉阙文化的知名度，还为汉阙文化的传承和推广提供了新的平台。在文化传承与教育方面，渠县汉阙文化博物馆还注重与现代教育的结合。博物馆通过开发数字化教育资源，如在线课程、虚拟实验室等，为学生和教师提供了丰富的学习材料。这些资源不仅能够满足观众不同层次的学习需求，还为文化教育的创新提供了新的思路。

（2）河北曲阳县"互联网＋"数字文化建设实践

河北省曲阳县的"互联网＋"数字文化建设实践是人工智能技术在文化产业发展中的典型应用。曲阳县通过搭建数字文化平台为文化企业提供了项目落地、信息发布、资本对接等服务，推动了文化产业的数字化转型。曲阳县还建设了文化艺术中心，将 LED 数字墙、3D 影院等现代声光电技术融入展示环节，提升了文化展示的科技感和互动性。此外，曲阳县还升级了陈文增定瓷艺术馆，运用现代数字化技术，实现了在有限空间内获取无限数字信息。在数字文化平台建设方面，曲阳县坚持"政府主导、市场运作、企业主体、政策扶持"的原则，建设了特色文化产业园区（基地），为各类文化企业提供项目落地、信息发布、资本对接服务。目前，曲阳县拥有国家级文化产业示范园区 1 个、国家级文化产业示范基地 2 个。这些园区和基地不仅为文化企业提供了良好的发展环境，还促进了文化产业的集聚发展。此外，曲阳县还注重数字文化平台的智能化建设。通过引入大数据、物联网等技术，曲阳县实现了文化资源的高效管理和共享。通过大数据分析，曲阳县能够精准预测群众需求，提供个性化的文旅服务。这种智能化的管理方式不仅提高了文化服务的质量，还为文化产业的发展提供了有力支持。

曲阳县在传统文化产业数字化转型方面取得了显著成效。通过成立河北省数字化雕刻产业技术创新联盟，曲阳县推动了石材、雕刻产业向数字化转型。联盟通过整合资源、技术创新和人才培养，为雕刻产业的数字化转型提供了有力支持，不仅提高了生产效率，还提升了雕刻产品的质量。在数字化转型过程中，曲阳县注重技术创新和人才培养。通过建设集数字雕刻技术研发、数控设备生产、数字建模、人才培训、人才输出于一体的全产业体系，曲阳县实现了雕刻产业的全链条数字化转型。目前，曲阳县已有 1 000 余家企业实现转型升级，赋能石材、雕刻产业向数字化转型。

此外，曲阳县还通过大数据分析精准预测群众需求，提供个性化的文旅服务。通过分析游客的浏览历史、消费习惯等数据，曲阳县能够为游客提供更加精准的文化旅游产品和服务。不仅提升了游客的满意度，还为文化产业的发展提供了新的动力。

曲阳县在新型数字文旅业态打造方面进行了积极探索。通过注册"畅游曲阳"小程序，曲阳县实现了一站式导游服务。游客可以通过小程序获取景区信息、导航服务、语音讲解等，提升了旅游的便利性和体验感。此外，曲阳县还借鉴"数字故宫"模式，谋划建设北岳庙 3D 数字博物馆，打造沉浸式旅游景区。在新型数字文旅业态打造过程中，曲阳县注重文化与旅游的深度融合。通过挖掘北岳庙历史文化内涵，曲阳县与功夫动漫公司合作，利用飞天神、孩儿枕等特色文化资源，打造城市超级 IP。这些IP 不仅提升了曲阳的文化知名度，还为文化旅游产业的发展提供了新的动力。此外，曲阳县还通过虚拟现实（VR）和增强现实（AR）技术，为游客提供沉浸式旅游体验。例如，游客可以通过 VR 设备参观虚拟博物馆，通过 AR 技术获取景区的实时信息。这种沉浸式的旅游体验不仅增强了游客的参与感，还提升了文化旅游的趣味性和互动性。

总的来说，渠县和曲阳县的实践表明，人工智能技术为数字文化建设提供了强大的技术支持和创新动力。通过数字化保护、展示和传承，可以有效提升文化遗产的保护水平，拓展文化的传播范围，增强公众的文化认同感。

5.5 人工智能驱动浙江数字乡村建设的创新实践与模式探索

浙江作为数字经济的前沿阵地，在数字乡村建设中展现出强大的先发优势，其在数字技术应用、乡村治理创新以及产业融合发展等方面积累了丰富的经验。人工智能技术在浙江乡村的广泛应用，不仅推动了农业生产的智能化升级，还为乡村治理、公共服务等领域的数字化转型提供了有力支撑。浙江通过人工智能赋能数字乡村建设，实现了农村居民生活质量的显著提升，为乡村振兴注入了新的活力；此外，浙江在数字乡村建设中的成功实践，为全国其他地区提供了可复制、可推广的模式和经验，具有重要的示范意义。因此，本研究拟探讨浙江数字乡村建设中人工智能的应用实践，不仅有助于总结浙江的成功经验，还能为全国同类地区提供有益的参考和借鉴，推动全国数字乡村建设的高质量发展。

（1）衢州龙游"村情通"：人工智能驱动数字乡村建设的创新实践

衢州市龙游县的"村情通"平台是浙江省在数字乡村建设中极具代表性的实践案例之一。自 2016 年诞生以来，"村情通"从一个村的探索逐步覆盖到全县 262 个行政村，成为乡村治理的"智慧大脑"，打通了公共服务的"最后一公里"，实现了"最多跑一次"改革向乡村的延伸。"村情通"是一个集党建引领、政务服务、社会治理、公共服务、经济发展等多功能于一体的数字化平台。通过微信公众号、手机 App 等形式，村民能够随时随地获取信息、参与治理、享受服务。平台的主要功能包括党建引领、政务服务、社会治理和公共服务等。其中，党建引领通过设置党员"先锋指数"、党组织"堡垒指数"等，推动党员干部在线学习、获得积分，接受群众监督。政务服务方面，平台整合了户籍办理、信用贷款等服务功能，实现农民"在线办事、指尖办事"，极大地方便了村民的日常生活。社会治理则通过"村民信箱""随手拍"等功能，让村民随时反馈问题，专职网格员每天巡查并及时反馈处理结果。"村情通"通过"党建引领＋群众路线＋智慧治理"的模式，推动了基层治理的数字化转型。它强化了基层党组织的核心作用，通过平台实现党组织与村民的直接互动，增强了党组织的凝聚力和战斗力。同时，通过"全民网格"模式，将村民纳入治理主体，形成"人人都是信息员、人人都是治理员"的良好局面。此外，利用大数据、云计算等技术，实现信息的快速传递和问题的精准解决。"村情通"在乡村治理中也取得了显著成效。通过数字化手段，村务管理更加透明高效，村民参与度显著提高。村民可以随时随地办理各类事务，享受便捷的公共服务。同时，通过平台发布农产品信息、推广乡村旅游等，为乡村经济发展注入了新动力。这种模式不仅提升了乡村治理的现代化水平，还为全国其他地区提供了可借鉴的经验。

（2）杭州萧山瓜沥"数字家园"：人工智能赋能基层治理的智慧样板

杭州市萧山区瓜沥镇的"数字家园"（又称"沥家园"）是浙江省在数字乡村建设中探索出的又一成功案例。通过数字技术赋能基层治理，"沥家园"构建了一个"共建共治共享"的智慧治理平台。"沥家园"以"互联网＋"为基础设施，利用区块链技术和网格化管理手段，实现了基层治理的数字化转型。平台的主要功能包括信息共享、政务服务、积分激励和互动交流等。村民可以通过手机端获取镇村各类实时信息，包括村务公开、财务管理、收益分配等。同时，村民可以在平台上办理各类政务事项，如户籍登记等。此外，村民通过参与垃圾分类、公益活动、在线学习等可以获得积分，并用积分兑换商品。平台还设置了"村民信箱""随手拍"等功能，村民可以随时反馈问题，专职网格员每天巡查并及时反馈处理结果。"沥家园"通过"镇、村、户"三级管理架构，实现了基层治理的精细化和智能化。平台整合了区级公安、纪委、卫健、城管等部门的数据资源，实现了一屏归集。同时，通过建立村民信用体系，激励村民积极参与社会治理。此外，通过线上平台与线下服务相结合，提升了村民的参与感和获得感。在基层治理中取得了显著成效。瓜沥镇通过数字化建设，使村务管理更加透明高效，村民参与度显著提高。村民可以随时随地办理各类事务，享受便捷的公共服务。同时，通过平台推广乡村旅游、农产品电商等，为乡村经济发展注入了新动力。这种模式不仅提升了乡村治理的现代化水平，还为全国其他地区提供了可借鉴的经验。

（3）丽水遂昌未来村庄建设：数字技术赋能乡村振兴

丽水市遂昌县的未来村庄建设是浙江省在数字乡村建设中的又一创新实践。通过数字技术赋能乡村产业、生态和治理，遂昌县探索出了乡村振兴的新路径。遂昌县的未来村庄建设以"生态美、产业兴、百姓富"为目标，通过数字技术赋能乡村发展。主要应用场景包括智慧农业、智慧治理和智慧旅游等。在智慧农业方面，蕉川村的杂交水稻制种基地通过"一杆农业眼"物联网设备实时监测环境数据，指导农户进行精准种植，提高了农业生产效率。在智慧治理方面，通过数字化平台，实现乡村治理的智能化。在智慧旅游方面，通过数字化手段，推广乡村旅游资源，提升游客体验。遂昌县的未来村庄建设通过"政府引导、企业参与、村民共建"的模式，推动了乡村的数字化转型。政府通过政策支持和资金投入，引导乡村数字化建设。同时，鼓励企业参与乡村数字化项目建设，推动乡村产业数字化。此外，通过村民参与，形成了共建共治共享的良好局面。遂昌县的未来村庄建设也取得了显著成效。通过数字化手段，乡村治理更加高效，村民生活更加便捷。同时，通过数字技术赋能乡村产业，推动了乡村经济的发展。此外，通过数字技术提升乡村公共服务水平，实现了医疗、教育、交通等公共服务的数字化。这种模式不仅提升了乡村治理的现代化水平，还为全国其他地区提供了可借鉴的经验。

（4）温州永嘉乡村农旅"野趣玩"平台：人工智能驱动乡村旅游数字化转型

在乡村振兴战略的背景下，乡村旅游作为推动乡村经济发展的重要途径，其数字化转型成为提升旅游品质和竞争力的关键。永嘉县的"野趣玩"平台正是在这一背景下应运而生的创新实践。该平台通过整合乡村旅游资源，利用人工智能和大数据技术，为游客提供全方位的在线旅游服务，同时推动了乡村经济的发展和乡村振兴。

永嘉县地处浙江省温州市，拥有楠溪江等著名自然景观以及深厚的历史文化底蕴。"野趣玩"平台的建设源于永嘉县丰富的自然和人文旅游资源。针对传统的旅游发展模式面临着信息不对称、游客体验不佳、旅游产品单一等问题，打造了一个集信息查询、在线预订、智能导览、旅游攻略等功能于一体的乡村旅游服务平台。平台的建设目标是通过数字化技术，将乡村旅游资源进行整合和优化，提升游客的旅游体验，促进乡村旅游的可持续发展。平台以"互联网＋农旅"的模式，将乡村旅游与现代农业、文化创意等产业深度融合，形成多产业协同发展的新局面。在平台功能与技术创新方面，"野趣玩"通过大数据分析和人工智能技术，实现了乡村旅游资源的数字化管理和精准营销。平台的主要功能包括信息查询与预订、智能导览与导航、旅游攻略与推荐、农产品销售与推广以及社交互动与分享。游客可以通过平台查询永嘉县内各个乡村旅游景点的信息，包括景点介绍、门票价格、开放时间等，并实现在线预订。平台利用 GPS 定位和地图技术，为游客提供实时的导航服务，游客在景区内可以通过手机获取景点的语音讲解、电子地图和周边设施信息，提升游览体验。此外，平台根据游客的历史浏览记录和偏好，利用大数据分析技术，为游客提供个性化的旅游攻略和线路推荐。通过智能算法，平台可以优化旅游线路，减少游客的交通时间和等待时间。在平台运营与推广方面，"野趣玩"由温州市农业农村局和永嘉县农业农村局联合打造，温州设计集团勘察测绘研究院负责建设运营。平台通过资源整合与合作，整合了永嘉县内 300 多家商户的资源，包括旅游景区、民宿、农家乐、农产品供应商等。通过与这些商户的合作，平台实现了资源共享和优势互补，提升了平台的吸引力和服务能力。平台不仅提供线上服务，还通过线下活动增强用户黏性。例如，平台组织了溪口年俗文化节等活动，吸引了大量游客参与。这些线下活动不仅提升了平台的知名度，还促进了乡村旅游的消费。此外，平台利用社交媒体、搜索引擎优化（SEO）、在线广告等多种数字化营销手段，提升平台的曝光度和用户流量。通过与旅游博主、网红合作，平台还开展了内容营销，吸引更多游客关注永嘉乡村旅游。

"野趣玩"平台自上线以来，取得了显著的成效和广泛的影响。首先，平台通过提供一站式服务，显著提升了游客的旅游体验。游客可以通过平台轻松规划行程、预订门票和民宿，享受便捷的旅游服务。其次，平台通过优化旅游线路和推荐个性化旅游产品，吸引了更多游客前往永嘉乡村旅游。据统计，平台上线后，永嘉县乡村旅游的游客数量和旅游收入均实现了显著增长。此外，平台通过整合乡村旅游资源，促进了当地农产品的销售和农民的增收。例如，平台的"趣购"板块帮助当地农民将农产品直接销售给游客，减少了中间环节，提高了农民的收入。最后，平台通过数字化手段，推动了乡村旅游与现代农业、文化创意等产业的深度融合，形成了多产业协同发展的新局面。这种模式不仅提升了乡村旅游的品质和吸引力，还为乡村振兴注入了新的动力。

（5）金华浦江葡萄产业数字化：人工智能赋能农业全产业链升级

在数字经济快速发展的背景下，传统农业产业的数字化转型成为提升农业竞争力和实现乡村振兴的重要途径。浦江县通过构建乡村产业大数据中心，实现了葡萄种植的数字化管理和深加工技术研发，显著提升了浦江葡萄的品质和市场竞争力。

浦江县地处浙江省金华市，浦江县的葡萄产业是当地农业的第一大支柱产业，种植历史悠久，目前种植面积达 7 万亩，年产量 12.7 万吨，年产值超 11.4 亿元。然而，传统的葡萄种植模式面临着劳动力成本高、生产效率低、品质不稳定等问题。为了提升葡萄产业的竞争力，浦江县决定借助数字化技术，推动葡萄产业的转型升级。在数字化平台建设与技术创新方面，浦江县围绕"浦江葡萄"主导产业，构建了乡村产业大数据中心，推动葡萄种植的数字化管理和深加工技术研发。平台的主要功能和技术创新包括生产环节的数字化管理、智能生产与采摘、加工与仓储的智能化以及销售环节的数字化营销。通过物联网技术，平台实现了对葡萄种植过程的实时监控。例如，在岩头镇十里阳光葡萄园，通过安装在葡萄大棚内的传感器，平台可以实时监测土壤湿度、温度、光照等环境参数。这些数据通过无线网络传输到云端，农户可以通过手机或电脑随时查看，并根据数据调整灌溉、施肥等操作，实现精准农业管理。在平台运营与推广方面，浦江县的葡萄产业数字化平台由政府主导，企业参与，农户受益。浦江县政府通过政策支持和资金投入，推动葡萄产业数字化平台的建设。政府还通过培训和技术指导，帮助农户掌握数字化技术，提升农户的数字化能力。平台吸引了多家企业的参与，包括农业科技公司、电商平台、物流企业等。这些企业通过与平台合作，为葡萄产业提供了技术支持和市场渠道。平台通过举办培训班和技术讲座，帮助农户掌握数字化技术。同时，平台还通过示范园的建设，展示数字化技术的应用效果，吸引更多的农户参与数字化转型。

浦江县的葡萄产业数字化平台自建成以来，取得了显著的成效和广泛的影响。首先，平台通过数字化管理，显著提升了葡萄的品质。精准的灌溉和施肥技术，确保了葡萄的生长环境最优，提高了葡萄的甜度和口感。其次，平台通过智能生产技术和自动化设备，显著提高了葡萄种植和加工的效率。具体表现为智能采摘系统可以将采摘时间缩短 30%，自动化分拣设备可以将分拣效率提高 50%。此外，平台通过数字化营销和电商平台，帮助浦江葡萄拓展了市场渠道。目前，浦江葡萄不仅在国内市场占据重要份额，还出口到多个国家和地区。

（6）人工智能驱动浙江数字乡村建设的经验启示

浙江在数字乡村建设中的成功实践，为全国其他地区提供了宝贵的经验和启示。在这一过程中，人工智能技术作为核心驱动力，贯穿于数字乡村建设的各个环节，显著提升了乡村治理、产业发展和公共服务的智能化水平。

第一，构建多元化的融资体系是推动数字乡村建设的关键。浙江通过"政府＋企业＋社会组织"的合作模式，确保了数字乡村建设的资金支持。政府在其中发挥了主导作用，通过稳定的财政投入，对已有成效的乡村继续支持，对具有潜力的乡村重点扶持，对发展滞后的乡村进行专项扶持。同时，浙江积极吸引企业参与，特别是那些在数字技术、电商、物流等领域具有优势的企业，通过与乡村建立合作关系，推动乡村产业的数字化转型。此外，社会组织也发挥了重要作用，通过提供培训、志愿服务等方式，帮助乡村提升数字化能力。人工智能在这一过程中发挥了精准匹配的作用，通过对乡村需求和企业资源的智能分析，优化资源配置，提高资金使用效率。

第二，提升信息承载能力是数字乡村建设的基础。浙江着力完善乡村信息基础设施，建设更高速率、更快处理速度的乡村通信基础网络。在提升软件的同时，优化乡村网络硬件设施，推动 5G 网络的全覆盖建设，加大 5G 网络技术在农业生产、加工、销售等环节的应用。例如，在一些农业产业园区，5G 技术被用于智能灌溉、精准施肥等场景，显著提高了农业生产效率。同时，浙江还探索了 5G 网络在乡村治理和服务中的辅助作用，通过物联网技术实现对乡村环境、公共设施的实时监测，提升了乡村治理的精细化水平。人工智能在这一过程中发挥了数据处理和分析的核心作用，通过对海量数据的快速处理和智能分析，为乡村治理和公共服务提供了精准的决策支持。

第三，加大人才扶持力度是数字乡村建设的重要保障。浙江高度重视人才的作用，通过多重政策引人才、多种手段用人才、多种通道留人才。一些地区建立了薪资、教育和医疗服务等多方位具有高度竞争力的待遇体系，为引入的人才分配与其专业能力高度契合的岗位，并确定合理的人才晋升渠道。此外，浙江还通过"红领云课堂"等培训项目，提升基层干部的数字胜任力，帮助他们更好地适应数字乡村建设的需求。人工智能在这一过程中发挥了智能培训和个性化服务的作用，通过对人才需求和能力的精准分析，提供个性化的培训方案和职业发展规划，提高人才的适应性和稳定性。

第四，融合相关平台载体是提升数字乡村建设效率的重要手段。浙江通过整合数字平台，简化用户操作流程，为村民提供一站式服务。比如"浙里办"平台实现了政务服务的"掌上办、一站办"，极大地方便了村民的日常生活。同时，浙江还注重将多余的平台归一化、烦琐的程序简单化、复杂的操作清晰化，全面提升在线行政服务的智能化水平。此外，浙江关注不会使用智能手机的农户，开展有针对性的教学培训，帮助其掌握基本的使用技巧，确保数字乡村建设的成果能够惠及全体村民。人工智能在这一过程中发挥了智能优化和提升用户体验的作用，通过对用户行为和需求的分析，优化平台功能和服务流程，提高用户满意度。

第五，浙江的数字乡村建设经验还体现在对产业数字化转型的重视。通过数字技术赋能传统产业，浙江推动了农业、旅游业等产业的数字化转型。临安的电商模式、浦江的葡萄产业数字化、安吉的白茶产业融合等，都为乡村经济发展注入了新动力。同时，浙江通过数字技术提升乡村公共服务水平，实现了医疗、教育、交通等公共服务的数字化，让村民享受到了与城市居民同等水平的服务。人工智能在这一过程中发挥了智能决策和精准服务的作用，通过对市场数据和消费者需求的分析，优化产业布局和服务供给，提高产业竞争力和公共服务水平。

第六，浙江在数字乡村建设中注重强化乡村治理数字化。通过数字技术提升乡村治理能力，构建了智能化的乡村治理平台。德清县的"数字乡村一张图"、余杭区的"数智鸬鸟乡村治理平台"等，实现了乡村治理的精准化和高效化。通过数据整合、信用体系和线上线下融合的方式，浙江实现了乡村治理的共建共治共享，为乡村振兴提供了强大的动力。人工智能在这一过程中发挥了智能分析和预测的作用，通过对乡村治理数据的深度挖掘和分析，提供精准的治理方案和决策支持，提升治理效能。

综上所述，浙江在数字乡村建设中的成功经验，为全国其他地区提供了宝贵的借鉴。通过构建多元融资体系、提升信息承载能力、加大人才扶持力度、融合相关平台载体、推动产业数字化转型以及强化乡村治理数字化，浙江实现了乡村生产、生活、生态空间的数字化、网络化、智能化发展，为乡村振兴注入了强大动力。人工智能作为这一进程中的核心驱动力，贯穿于数字乡村建设的各个环节，显著提升了乡村治理、产业发展和公共服务的智能化水平，为全国数字乡村建设提供了重要的参考和示范。

6 人工智能嵌入丽水县域数字乡村建设的现实调查 ///////////////////////////

数字乡村实践发生的根本动力在于数字技术的不断变革，而人工智能作为引领新一轮科技革命与产业变革的战略性技术变量，在数字乡村建设场域中建构了技术语境。近年来，丽水9县（市、区）人工智能快速发展，自2017年至2023年，丽水9县（市、区）人工智能企业数量均增长了十余倍，更有遂昌县增长了二十余倍。同时，据本研究课题组跟踪调查，在我国数字乡村建设政策和浙江建设"数字乡村引领区"支持下，人工智能嵌入丽水9县（市、区）数字乡村建设的过程中出现了诸多典型模式，如：多元共进的矩阵型发展模式、双向协同的秩序化发展模式、政策导向与人工智能支撑的联动发展模式等。为此，本研究全面考察了人工智能嵌入丽水县域数字乡村建设的具体做法，总结了其共有实践经验和特色路径，找寻出典型案例，期望能够为全国数字乡村建设提供借鉴。

6.1 人工智能嵌入丽水县域数字乡村建设的现实优势

人工智能技术的嵌入为丽水市的数字乡村建设提供了强大的技术支撑，推动了乡村治理、农业现代化、公共服务、产业发展和生态保护的全面升级，为乡村振兴注入了新动力。目前丽水9县（市、区）人工智能快速发展，为数字乡村建设提供了现实优势。

6.1.1　丽水县域人工智能快速发展的契机

（1）人工智能增长态势显著

人工智能的快速发展体现为时间与空间维度上的技术迭代与应用场景拓展。自 2000 年以来丽水 9 县（市、区）人工智能企业①的数量呈现显著的增长，但不同的发展阶段，具有不同的特点（图 6-1）。①起步阶段：2000—2004 年。人工智能技术尚处于发展初期，市场对其接受程度有限。在此期间，丽水整体的人工智能企业数量年均增长量仅 5.8 个，增长速度较为缓慢，且在 2004 年增速出现下滑。②成长阶段：2005—2015 年。人工智能企业数量增长呈现波动状态，但增长率有所提升。这一阶段，人工智能技术逐步走向成熟，并拓展至更多应用领域，支持其发展的基础设施也在不断完善。③扩散与普及阶段：2016—2019 年。这个阶段人工智能企业数量稳步增长至 2019 年的 261 家，发展水平较为稳定。④成熟阶段：2020—2021 年。人工智能企业迎来显著的增长高峰，增长率达到峰值。这一现象或许与全球对人工智能技术的高度关注以及投资的大量增加密切相关，尤其是新冠疫情防控期间，多个领域对人工智能的需求呈现爆发式增长。⑤稳健增长与迭代阶段：2022—2023 年。人工智能企业数量的增长速度有所放缓，增长率下降，但整体数量达到最大值。这可能是市场逐渐饱和、竞争愈发激烈以及技术发展亟待创新与突破的外在表现。由此可见，丽水 9 县（市、区）人工智能企业数量增长的时间趋势与全球人工智能技术的发展轨迹相契合，充分体现了从技术起步、市场成熟到创新驱动的演变进程，凸显了人工智能在推动经济社会发展中的关键作用。

---

① 本研究采用县域人工智能企业数量来衡量县域人工智能技术发展水平。原因在于：第一，人工智能企业数量的增长标志着人工智能产业链的完整性。如浙江省已形成覆盖全链条的 569 家人工智能企业，利润贡献超七成；第二，人工智能企业是研发投入的主体，其数量与专利产出、前沿技术突破直接关联。例如，中国生成式人工智能专利申请量全球第一，企业数量超 4 700 家，表明技术积累的规模化优势。因此，人工智能企业数量不仅是技术发展的"晴雨表"，更是创新生态、资本活力、政策支持与市场需求综合作用的结果。

图 6-1　2000—2023 年丽水 9 县（市、区）人工智能发展水平时间演变趋势

另外，为了更精准地展示丽水 9 县（市、区）人工智能技术水平，本研究绘制了 2000 年、2005 年、2010 年、2015 年、2020 年和 2023 年的丽水 9 县（市、区）人工智能企业数量变化趋势图（图 6-2）。由图 6-2 可知，人工智能技术在丽水 9 县（市、区）的应用与普及经历了从缓慢发展到显著的增长与扩散过程。2000 年，多数县域的人工智能企业数量近乎为零[①]，表明当时人工智能技术在当地的应用极为有限，尚处于萌芽阶段，甚至一直到 2010 年都处于缓慢增长状态；随着时间的推进，尤其是 2015 年之后，丽水县域人工智能企业数量呈现显著的增长态势。其中，莲都区的人工智能发展水平始终领先于其他县域，而缙云县、遂昌县在近年来发展迅速，青田县和龙泉市发展速度仅次于缙云县、遂昌县，景宁畲族自治县在 2020 年至 2023 年提速发展，而庆元县与云和县发展相对滞后。而从绝对数量来看，丽水 9 县（市、区）人工智能企业数量都显著增加，这与丽水市积极推进数字化转型和智能化发展的战略决策紧密相关，为人工智能企业的发展营造了良好的产业生态环境。另外，人工智能企业数量的增长还得益于丽水市在多个重点领域对人工智能技术的大力推广应用。例如，在智能制造领域，人工智能技术

---

　　① 遂昌县自 2002 年、松阳县自 2006 年、云和县自 2008 年、龙泉市自 2009 年、景宁畲族自治县自 2013 年起才出现人工智能企业。

助力企业实现生产流程的自动化和智能化，提高生产效率和产品质量；在自动化领域，人工智能驱动的智能设备和系统广泛应用，优化了生产环节；在医疗健康领域，人工智能技术辅助疾病诊断、医疗影像分析等，提升了医疗服务水平。同时，丽水市深化智能管理会计推广应用，通过人工智能技术加强成本管控，实现企业财务与业务的深度有机融合，有效降低企业运营成本，达到成本最小化的目标，进而提升了企业的数字化管理水平，增强了企业竞争力，吸引更多人工智能企业落地。此外，丽水市积极推动基于工业互联网平台的消费数据与制造全链路的打通，实现了资源的高效利用和价值共享，也使得企业能够更加精准地把握市场需求，优化生产资源配置，促进了人工智能技术在制造业中的应用和创新，进一步推动了人工智能企业数量的增长。

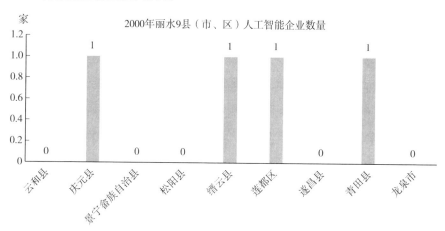

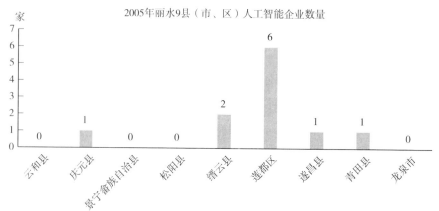

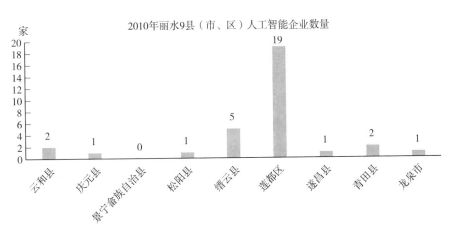

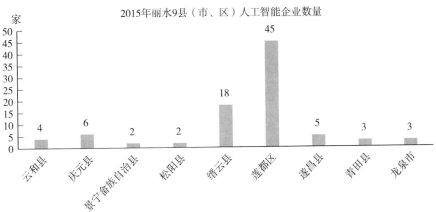

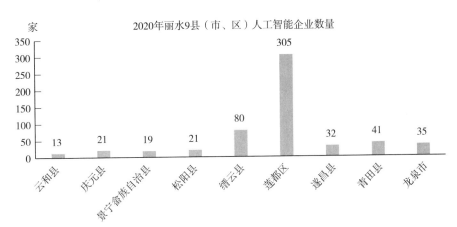

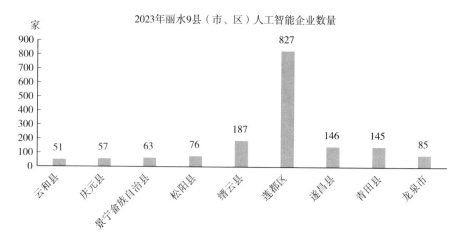

图 6-2 2000—2023 年丽水 9 县（市、区）人工智能发展水平空间演变趋势

总的来说，丽水 9 县（市、区）人工智能企业数量的增长与全球人工智能技术的发展轨迹高度吻合，完整地展现了从技术起步的艰难探索，到市场逐渐成熟的稳步发展，再到创新驱动的蓬勃发展的演变过程，为丽水县域数字乡村建设中进一步深化人工智能应用提供了坚实的产业基础和技术支撑。

（2）算力基础设施建设逐步加强

丽水市通过政府引导与市场化协同机制，精心谋划"组团建设、联合运营"模式，有条不紊地推进算力资源建设，成功建成丽水市人工智能计算中心并实现长期稳定运营。在制度设计层面，丽水市数据局发挥统筹协调职能，依据《浙江省公共数据条例》建立数据分类分级管理制度，依托公共数据授权运营平台创建安全可控的开发环境，实现数据价值挖掘与隐私保护的双重目标。市场资源配置方面形成分层架构：基础层由飞利信云数据中心提供 10 000 个标准机柜的硬件支撑；智能层通过电信超算中心和移动通信枢纽分别部署 5 000PFlops 算力资源，其中移动枢纽纳入省级算力网络节点；应用层则以丽水经开区 H800GPU 集群为核心，面向人工智能模型训练与算法优化提供专业化服务。技术实施上融合大数据分析与隐私计算技术，建立涵盖开发环境隔离、数据处理监管、产品安全检测的全流程管理体系。运营模式创新方面，采用多主体联合建设机制，通过空间资源整合与算力动态调配，构建模型服务（MaaS）、数据服务（DaaS）等多元化产品体系。当前，丽水已有多个数据（算力）中心布局建设项目，如丽水云数据中心（飞利信）项目、丽水紧水滩水冷式绿色数据中心项目、丽水浙西南超算中心项目（丽水电信）以及丽水移动通信算力枢纽中心（丽水移动）。已形成以人工智能计算中心为核心、绿色数据中心、边缘算力节点为延伸的"1＋N"布局，服务覆盖数字乡村建设、县域产业转型等九大领域，实现算力资源利用率提升 40％，驱动数字经济年均增长率突破 15％。

（3）人工智能与产业发展深度融合

在数字化浪潮的席卷下，丽水 9 县（市、区）积极探索人工智能与农业、工业、服务业等产业的深度融合路径，切实解决了传统产业发展过程中的诸多痛点问题，显著提高生产效率、产品质量和服务水平，为丽水 9 县（市、区）产业的可持续发展注入了强大动力。

①人工智能与农业融合：AI 赋能，提质增效。人工智能与农业的深度融合正在全球范围内掀起一场智慧农业革命。当 AI 算法开始理解作物的"语言"，当机器人成为农田的"新农人"，不仅改变了"面朝黄土背朝天"的传统耕作方式，带来了生产效率的量变，更带来了农业生产关系的质变，重塑现代农业的价值链和发展模式。例如，遂昌县凭借独特的地理优势，茶叶产业成为当地经济的重要支柱。然而，传统的种植和管理方式面临着诸多挑战，难以满足现代市场对茶叶品质和产量的需求。为突破发展瓶颈，遂昌县积极引入人工智能技术，为茶叶产业发展带来了新的生机。当地茶园广泛部署了智能传感器，这些传感器如同一个个"智慧管家"，能够实时、精准地监测土壤湿度、酸碱度、养分含量，以及空气温湿度、光照强度等关键数据。基于这些数据，人工智能系统运用先进的算法深度分析茶树生长状况，为茶农提供科学、精准的灌溉、施肥和病虫害防治建议。以病虫害防治为例，过去茶农主要依据经验判断病虫害情况，这种方式往往存在滞后性，容易错过最佳防治时机。如今，借助图像识别

技术的智能监测设备，能够迅速识别茶树病虫害症状，并及时发出预警信息。这使得茶农可以快速、精准用药，有效减少了病虫害对茶叶的损害。同时，智能灌溉系统依据土壤湿度数据自动调节灌溉量，实现水资源的合理利用，相比传统灌溉方式节水 25% 以上。在智能技术助力下，茶叶产量和质量都得到了显著提升，市场竞争力大幅增强。

②人工智能与工业融合：AI 升级，创新发展。人工智能与工业的深度融合正在推动全球制造业迈向"智造时代"。当 AI 开始理解设备振动频率背后的物理意义，当数字孪生体能够预测尚未发生的材料形变，不仅重构了传统工业的制造流程，更重构了人机协同的新型生产关系，最终实现制造效率与创新能力的双重飞跃。例如，青田县的石雕产业历史悠久，承载着丰富的文化底蕴。但在传统生产模式下，生产效率较低，难以跟上市场快速增长的需求。为推动石雕产业可持续发展，青田县的石雕企业积极引入人工智能和自动化技术，对石雕生产流程进行全面智能化改造。通过 3D 扫描和建模技术，设计师能快速将创意设计图转化为数字化模型，再借助智能雕刻设备进行高精度加工。这一创新变革大幅缩短了生产周期，以往需要数周甚至数月才能完成的作品，如今仅需几天即可完成，生产效率大幅提升。同时，智能雕刻设备借助先进的控制技术，能够将误差控制在极小范围内，有效提高了产品精度和一致性，提升了产品品质。此外，企业借助人工智能算法深入分析市场需求和流行趋势，精准把握消费者喜好，开发出更具市场竞争力的石雕产品。这些创新产品受到了市场广泛欢迎，在过去两年内，企业销售额显著增长了约 40%，推动了传统石雕产业向高端化、智能化方向迈进。

③人工智能与服务业融合：AI 应用，提升体验。人工智能与服务业的深度融合正在重塑全球服务经济的底层逻辑。当 AI 开始理解客户未言明的需求，当虚拟助手能够预判服务断点，不仅提升了服务效率，更在创造新的情感价值。从个性化体验到全流程智能化，AI 技术正在突破传统服务业的效率边界与体验天花板，催生出以用户为中心的服务新生态。在丽水市的旅游服务业中，人工智能同样发挥着重要作用。缙云仙都景区为

提升游客的游览体验引入智能导览系统。该系统基于人工智能的数据分析和算法，能够根据游客的兴趣偏好、停留时间以及实时位置等多维度因素，为每位游客量身定制专属的游览方案。游客只需通过手机 App，就能轻松获取个性化游览路线推荐、景点语音讲解等全方位服务。与此同时，景区利用智能监控设备和大数据分析技术，实时掌握游客流量和分布情况。通过对这些数据的分析，景区能提前做好游客疏导和安全保障工作。在旅游高峰期，景区借助智能系统合理调配人力、物力资源，有效避免拥堵现象发生，为游客营造更加舒适、安全的游览环境。自引入智能导览和监控系统后，游客满意度和体验感大幅提升，有力促进了旅游服务业的高质量发展。

（4）创新要素加快汇聚

人工智能作为引领未来的战略性技术，其发展高度依赖创新要素的系统性集聚与高效协同。从技术研发到产业落地，需要构建包含人才、数据、算力、资本、政策等要素的完整生态体系。丽水市紧抓数字经济发展战略机遇，通过系统化布局重大项目、搭建综合性服务平台、培育全链条产业生态，推动创新要素加速汇聚，形成数智产业发展的强劲动能。

第一，重大项目牵引产业方向。遂昌"天工之城"以数字经济为核心发展方向，聚焦人工智能、大数据、云计算等前沿领域，努力打造一个涵盖科研、生产、应用等全产业链环节的产业生态体系。自项目落地实施以来，凭借其独特的产业定位和政策优势，已成功吸引多家国家级科研机构在此设立研发中心。其中，浙江晶盛机电股份有限公司设立的天工之城·晶盛机电研发培训中心，2021 年启动建设，投资约 9 000 万元，主要开展半导体产品、蓝宝石晶体等制造设备的嵌入式软件研发；阿里云创新中心（丽水遂昌）和网易（遂昌）联合创新中心也已落地。阿里云创新中心依托自身技术优势，在云计算、大数据领域开展研发与应用；网易联合创新中心聚焦数字经济，通过赛事、孵化服务吸引企业入驻。这些研发中心相互协作，推动遂昌在前沿领域不断突破，形成技术研发与产业应用的双轮驱动。目前，"天工之城·数字绿谷"数字科创平台累计引进企业 110 家，落地"绿谷精英"人才科技项目 8 个、建成省级科技型中小企业 26 家、培育数字经济服务业规上企业 5 家。此外，青田元宇宙智算中心还依托其强大的算力资源，为元宇宙相关的科研探索和应用开发提供了坚实保障。在基础研究方面，该智算中心积极与当地高校和科研机构合作，助力开展元宇宙基础理论研究，在虚拟人交互技术、数字孪生场景构建等前沿领域取得阶段性成果；在产业发展方面，其强大的算力优势吸引了一批专注于元宇宙内容创作、技术开发的企业入驻，围绕智算中心形成了显著的产业集聚效应。这不仅加速了元宇宙技术从理论研究向实际应用的转化进程，还促进了相关产业链的完善和发展。

第二，平台体系赋能全产业链发展。丽水搭建的综合性平台，围绕研发、孵化、加工和交易三大环节，构建起"产学研协同创新＋初创企业全方位孵化＋全流程产业链服务"的综合性创新发展模式。在研发环节，整合高校、科研机构和企业资源，组织产学研合作项目攻克技术难题，如华为（丽水）创新中心联合本地企业研发的智能数据管理系统，使五金加工企业良品率提升 12%，能耗降低 8%；百度智能云基地建立 2 000 人规模的数据标注团队，年处理图像数据超 1 亿张；蚂蚁链创新中心提供从种子资金到市场对接的全流程服务，已孵化区块链应用项目 23 个，其中 4 个项目获得千万级融资；建成的华东地区首个数据要素流通平台，实现数据采集、清洗、标注、交易全流程数字化管理，年交易额突破 3 亿元，服务企业超 800 家。

第三，创新生态释放聚合效应。通过要素整合与生态培育，丽水形成三大发展优势：①头部企业集聚效应。华为、阿里、网易、百度等 8 家数字经济龙头企业设立区域中心，带动产业链上下游 5 705 家企业落户，其中 2023 年新增人工智能企业 270 家。②技术转化加速机制。建立科研成果评估、中试、产业化三级推进体系，关键技术平均转化周期从 24 个月缩短至 14 个月。③人才—资本要素闭环。丽水通过"绿谷英才计划"引进高层次人才 176 人，配套设立 20 亿元数字经济产业基金，构建起"人才带技术、技术引资本、资本促产业"的良性循环。

6.1.2 丽水县域数字乡村建设初见成效

丽水 9 县（市、区）近年来积极推动县域数字乡村建设，已在基础设施、基层治理、生活生产等多个领域取得显著成效。

（1）乡村数字基础设施建设成果斐然

丽水市全力推进乡村数字基础设施建设，为数字乡村的稳健发展筑牢根基。依据 2022 年丽水市统计年鉴数据，2022 年丽水全社会用电量达 1 390 843 万千瓦时，其中农村居民生活用电量为 165 538 万千瓦时，同比增长 41.8%。稳定的电力供应是乡村数字设备运行的基石，有力保障了乡村居民对各类数字设备的正常使用，为数字乡村建设提供了坚实的能源支撑。从互联网普及状况来看，丽水固定互联网宽带接入用户数量持续攀升，2022 年达到 118.41 万户，较上年增加 8.16 万户。这使得乡村居民能够更便捷地接入互联网，畅享在线学习、电子商务、远程医疗等网络服务，有效缩小了城乡数字鸿沟。在通信网络建设方面，移动电话用户数量不断增多，2022 年达到 285.05 万户，较上年增加 9.80 万户，其中 4G 移动电话用户 260.41 万户，增加 11.86 万户，固定互联网宽带（含华数）接入用户 118.41 万户，增加 8.16 万户。通信网络的优化升级，保障了乡村地区信息的快速传递，促进了乡村与外界的信息交流，为农村电商、在线教育、远程医疗等数字服务在乡村的推广提供了有力支撑，推动乡村数字经济发展与智慧农业建设。典型如莲都区碧湖镇，该镇积极与通信运营商紧密合作，持续加大网络基础设施建设投入。2022 年，镇政府投入专项资金用于铺设光纤电缆，新增固定互联网宽带接入端口 2 000 余个，成功实现全镇 95% 以上的自然村网络覆盖。为提升村民网络使用技能，镇政府还组织开展了网络知识普及培训活动，累计培训村民 5 000 余人次。在网络升级前，位于莲都区碧湖镇的丽水市浙闽山珍有限公司因网络不畅，线上业务举步维艰。公司开发的"浙闽"牌脱水蔬菜，凭借亮洁色泽、丰富营养和清脆口感，深受消费者青睐。然而，落后的网络条件严重制约了企业的进一步发展，线上销售渠道难以拓展，大量优质产品被困于当地，无法被更广泛的市场所熟知。网络覆盖水平提升后，丽水市浙闽山珍有限公司迅速把握机遇，在淘宝、京东等各大电商平台开设店铺，并借助直播带货等新兴营销模式拓宽销售渠道。直播过程中，主播详细展示蔬菜从田间采摘到加工成品的全过程，让消费者直观了解产品品质，极大激发了购买欲望。在网络升级后的一年内，该企业不仅销售额大幅提升，品牌知名度也显著提高。与此同时，村民也从网络发展中收获颇丰。他们可以通过网络远程观看农业专家的种植讲座，学习先进的病虫害防治方法与科学种植技术，有效提高了农作物的产量与质量，增加了农民收入。

（2）乡村治理数字化进程加速推进

数字化技术在丽水乡村治理中的应用日益广泛，极大地提升了治理效率和精准度。通过搭建数字化治理平台，整合人口、土地、产业等各类关键信息，实现了数据的集中管理和共享。借助数字化手段，政府能够实时监控村庄事务的进展情况，对环境卫生、基础设施建设等方面进行动态监测，及时发现问题并迅速解决。在疫情防控的关键时期，数字化治理平台发挥了不可替代的作用，能够快速准确地统计人员流动信息、及时发布防控通知，为保障村民的生命健康安全筑牢了坚实防线。此外，数字化平台还拓宽了村民参与乡村治理的途径，增强了村民的民主参与意识。村民可通过网络平台参与村庄事务的讨论与决策，充分表达自身意见和建议，有效提升了乡村治理的透明度与科学性。典型如"丽水政务服务网"和"12345 政务服务便民热线"，其涵盖了众多民生事项办理功能，为乡村居民提供了便捷的办事渠道。村民们无须再奔波于各个部门，通过网络平台即可轻松办理社保、医保等业务。目前，网站已有 39 954 个事项，其中网上申请事项 3 910 个，累计办理事项 274 257 件。除了社保业务，平台还开发了"丽水房产信息查询""网上中介"等地方特色应用服务，不仅节省了大量的时间和交通成本，还显著提高了政务服务的效率和透明度，让乡村居民切实感受到了数字化带来的便利。此外，人口管理数字化精准化也是丽水市乡村治理数字化的重要成果。通过建立完善的人口信息数据库,对乡村人口的出生、死亡、迁移等信息进行实时更新和动态管理,政府能够精准掌握人口的变化情况。这些翔实的数据为政府制定科学合理的公共服务政策提供了有力依据,有助于政府更加精准地调配教育资源、优化医疗设施布局,从而更好地满足乡村居民在教育、医疗等方面的需求。

（3）乡村生活数字化转型呈现多元化趋势

在数字化浪潮下,丽水乡村居民的生活方式正经历着深刻变革。数字化以全方位、多层次的态势,深度融入乡村生活的每一个角落,展现出丰富多元的转型新貌。①乡村消费方面。线上消费呈现出强劲的增长势头,已然成为乡村居民消费的全新风尚。数据显示,丽水限额以上批发和零售业单位通过公共网络实现的商品零售额增长了 11.1%,意味着乡村居民对线上购物的接受程度与日俱增,线上购物已然无缝融入他们的日常生活。线上购物平台凭借琳琅满目的商品种类,让乡村居民足不出户,便能轻松选购来自全国各地乃至全球的特色好物,极大地拓宽了消费选择的边界;便捷流畅的购物流程,更是让他们免于奔波,节省了大量时间与精力,消费便利性得到了质的飞跃。②乡村文化生活方面。数字娱乐内容如汹涌潮水般涌入乡村,为村民的精神文化生活注入了全新活力。如今,村民只需借助互联网这一强大工具,便能惬意观看各类精彩纷呈的影视节目,无论是扣人心弦的电影、情节跌宕的电视剧,还是知识丰富的纪录片,应有尽有。闲暇时,村民通过手机或电脑观看网络视频,参与线上文化活动,如线上畲族歌舞表演、民俗文化展览等。这些活动不仅丰富了村民的精神文化生活,增强了其对本民族文化的认同感和自豪感,也让外界更好地了解畲族文化。另外,他们还踊跃参与线上文化活动,诸如线上文艺演出、文化讲座、民俗展示等。这些线上文化活动彻底打破了地域和时间的束缚,让乡村居民得以接触到更为广阔的文化资源,极大地丰富了他们的精神世界,充分满足了多样化的文化需求。③民生方面。教育和医疗领域的数字化变革,同样为乡村居民带来了实实在在的便利与福祉。在教育层面,乡村学校借助互联网的强大力量,突破了地域限制的枷锁,得以获取海量的优质教育资源。教师们能够充分利用这些资源开展远程教学活动，引入先进的教学理念与创新的教学方法，拓宽学生的视野，提升教学质量。例如，部分乡村学校通过与城市优质学校开展远程同步课堂，让乡村学生也能同步享受到高质量的教育课程，缩小了城乡教育资源的差距。在医疗领域，数字化的作用同样举足轻重。村民通过在线医疗平台，不仅可以便捷地进行预约挂号，避免了长时间排队等待的困扰，还能在线咨询专业医生，获取及时准确的医疗建议。在部分地区，远程诊断服务也已落地生根，让村民在家门口就能享受到优质的医疗服务，有效改善了医疗服务的可及性，为乡村居民的健康保驾护航。以遂昌县为例，当地政府积极建设数字化公共服务平台，整合教育、医疗、社保等各类资源，打造一站式在线服务平台，极大地提高了公共服务的便利性和可及性，实现了"数据多跑路，村民少跑腿"。互联网成为乡村学校获取优质教育资源的关键桥梁，在线课程、教学课件及教育资讯等优质教育资源突破地域限制不断输送到乡村，为乡村教师提供更多教学素材与方法，缩小城乡教育差距。医疗方面，借助在线医疗平台为村民就医带来新体验。村民通过在线医疗平台即可轻松预约挂号，合理安排就医时间，还可享受远程诊断服务。借助智能医疗设备采集健康数据，医生据此进行远程诊断，为村民健康提供更及时、更便捷的服务保障。

（4）乡村经济数字化水平不断提升

丽水乡村经济在数字化的驱动下迎来了深刻变革，数字技术全方位融入乡村经济的各个层面，为其发展注入了强大动力，有力推动了乡村经济的转型升级。

第一，数字普惠金融助力乡村经济发展。数字普惠金融在丽水市乡村经济发展中发挥着至关重要的作用，为乡村产业发展提供了有力支持。图6-3、图6-4展示了2014—2022年丽水9县（市、区）的数字普惠金融指数、覆盖广度、使用深度和数字化程度的变化情况。可以看出，在此期间，丽水9县（市、区）数字普惠金融指数及其覆盖广度、使用深度和数字化程度整体呈上升趋势，表明数字普惠金融服务在丽水乡村地区的可得性和普及性不断提升。然而，不同区县之间仍存在一定差异，莲都区的数字普惠金融指数和数字化程度显著优于其他区县，而缙云县的数字化程度提升最为显著。数字普惠金融通过提升乡村金融服务在乡村数字经济发展中的作用主要体现在以下几个方面：①提升乡村金融服务的可得性。以遂昌县为例，在数字乡村建设进程中，当地借助数字普惠金融服务，为乡村特色产业发展提供了强有力的资金支持。茶农可以通过线上平台快速申请小额贷款，用于购买茶苗、肥料等生产资料，解决了生产前期资金不足的问题。茶叶企业也能凭借数字普惠金融服务获得充足的资金，用于扩大生产规模、升级加工设备，提升茶叶的生产效率和产品质量。数字普惠金融的发展，有效解决了乡村产业发展过程中的资金瓶颈问题，促进了遂昌县茶叶等特色产业的繁荣，进而推动了乡村经济的持续增长。②扩大乡村金融服务的覆盖范围。在景宁畲族自治县等一些受地理环境等因素制约的地区，过去金融服务网点分布稀疏，村民获取金融服务困难重重。随着数字普惠金融的发展，借助移动支付、网络信贷等数字金融工具，这一困境得到了极大改善。如今村民无须长途跋涉前往实体网点，仅通过手机就能轻松办理转账、支付、贷款申请等各类金融业务。图 6-3、图 6-4 中数字普惠金融覆盖广度的提升，直观地反映出越来越多的乡村居民能够享受到便捷的金融服务。这不仅有效提高了乡村金融服务的覆盖率，还极大地提升了金融服务的便捷性，让乡村居民切实感受到数字乡村建设带来的便利，有力推动了乡村经济社会的发展。③促进乡村居民金融素养提升。数字普惠金融的推广使乡村居民有更多机会接触和使用各类金融产品与服务，在一定程度上推动了乡村居民金融素养的提升。以莲都区为例，随着数字金融服务在当地的广泛普及，当地积极开展了一系列丰富多样的金融知识普及活动。通过线上线下相结合的渠道，向村民宣传储蓄、理财、保险等金融概念，同时传授防范金融风险的相关知识。村民在实际使用数字金融服务的过程中，逐渐加深了对金融知识的理解，增强了金融意识和风险防范能力。这对于乡村的稳定发展和居民的财富管理具有重要的积极意义，有助于乡村居民更加科学合理地规划个人和家庭财务，实现财富的保值增值。④推动乡村数字化生态建设。数字普惠金融的发展是数字乡村建设的关键一环，它与乡村的数字化基础设施建设、数字产业发展等方面相

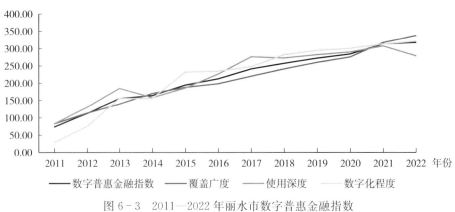

图 6-3   2011—2022 年丽水市数字普惠金融指数

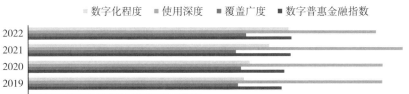

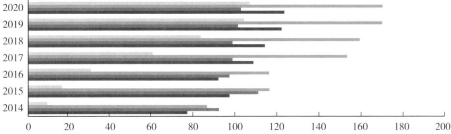

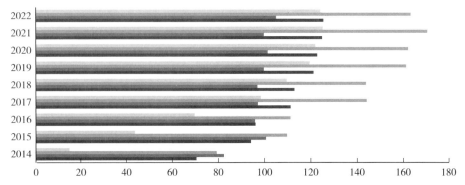

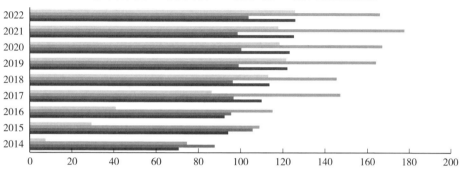

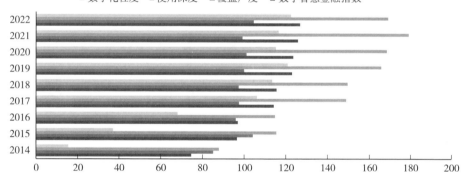

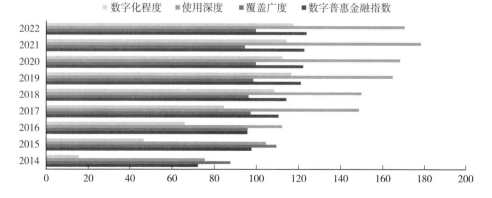

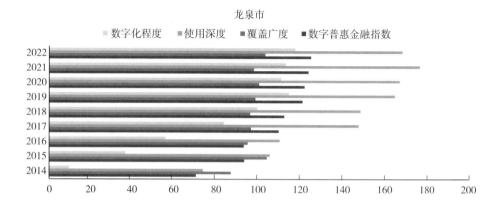

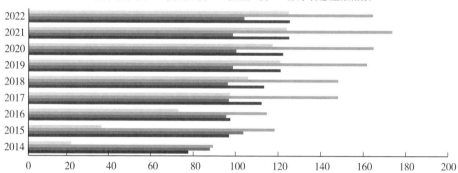

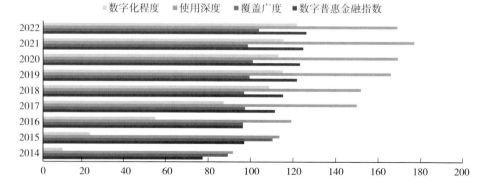

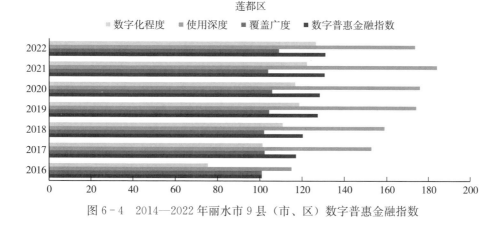

图 6-4　2014—2022 年丽水市 9 县（市、区）数字普惠金融指数

互促进、协同发展。在龙泉市等县域，数字普惠金融的蓬勃发展离不开当地良好的网络通信等数字化基础设施的有力支撑。同时，数字普惠金融服务也为乡村电商、数字农业等数字产业的发展提供了不可或缺的资金支持和金融保障。通过为电商企业提供信贷支持，助力其扩大经营规模；为数字农业项目提供资金支持，推动农业智能化发展。这种相互促进的关系进一步推动了乡村数字化生态的改善，形成了数字乡村建设的良性循环，为乡村的可持续发展奠定了坚实基础。

　　第二，农村电商助力乡村经济发展。丽水市农村电商的快速发展已成为推动乡村经济数字化转型的核心引擎。据阿里研究院统计，2014—2022年丽水市 9 县（市、区）淘宝村数量整体呈增长趋势（图 6-5）。作为"中国农村电商先行者"，丽水依托独特的生态优势和山区资源禀赋，构建起覆盖全域的电商产业集群，培育出缙云、遂昌等国家级电子商务示范县，形成了以茶叶、香菇、竹制品等特色农产品为核心的线上销售矩阵。通过打造农村电商产业园和直播基地，当地政府与企业携手推动"村播计划"，鼓励农民、返乡青年及新农人借助抖音、淘宝等平台开展直播带货，例如松阳的"云端茶园"直播让茶叶销售额年均增长 30%，庆元香菇通过短视频营销实现品牌溢价，单价提升超 20%。同时，青田县依托华侨资源优势，创新跨境电商模式，搭建"侨乡农品"出口平台，将高山蔬菜、杨梅等农产品销往西班牙、意大利等欧洲市场，年跨境交易额突破 5 亿元。为支撑电商生态，丽水还建成县乡村三级智慧物流网络，冷链仓储、智能快递柜等设施下沉至乡镇，物流成本降低 40%，农产品上行效率显著提升。据统计，2022 年丽水农村电商网络零售额达 158 亿元，带动超 10 万农户增收，电商不仅重塑了传统农业产销链条，更成为山区乡村链接全球市场、实现共同富裕的"数字桥梁"。

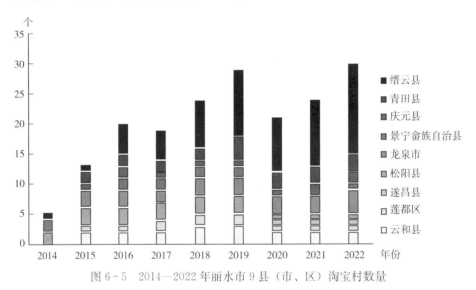

图 6-5 2014—2022 年丽水市 9 县（市、区）淘宝村数量

6.2 人工智能嵌入丽水县域数字乡村建设的模式和经验

6.2.1 人工智能嵌入丽水县域数字乡村建设的典型模式

（1）多元共进的矩阵型发展模式——青田"侨乡资源数字化"协作网络

青田县作为闻名遐迩的侨乡，凭借其分布于全球 146 个国家和地区（数据截至 2023 年）的 38.1 万名海外华侨资源，精心构建起"政府＋侨联＋跨境电商＋农户"的矩阵式协作体系，并深度融入人工智能技术，在数字乡村建设进程中开拓出一条创新性的发展路径，有力地推动了跨领域

资源整合与经济社会的全面发展。在该矩阵式协作网络中，政府充分发挥了核心引领作用，专门设立数字化协作网络建设专项资金，为数字经济的蓬勃发展提供坚实的资金保障。同时，政府联合阿里巴巴国际站搭建展销平台，打破了地域的束缚，助力本地特色产品成功迈向全球市场。此外，政府还出台了一系列涵盖税收减免、场地补贴、技术培训等方面的优惠政策，充分激发了各方参与数字乡村建设的积极性与主动性。侨联依托其广泛的海外网络，成为连接本地与海外的关键桥梁。侨联积极组织华侨开展产品宣传推广活动，显著提升了青田石雕、杨梅等特色产品的国际知名度。同时，侨联深入收集海外市场需求信息，并及时反馈给当地生产端，助力产品进行优化升级，实现与国际市场的精准对接。跨境电商凭借其专业的运营能力，在协作网络中承担着关键的市场拓展职能。跨境电商依据不同国家和地区的消费习惯，对特色产品进行个性化的包装设计，极大地增强了产品的吸引力。通过运用社交媒体、直播带货等新兴营销手段，跨境电商进一步拓展了产品的国际影响力。此外，跨境电商与国际知名物流企业紧密合作，优化物流线路，降低物流成本，提高配送效率。通过大数据分析，跨境电商为农户和供应商提供精准的市场需求信息，指导生产与供应，实现了供需的高效匹配。农户积极投身数字化转型，致力于提升产品品质。农户踊跃参加农业技术培训，学习先进的种植养殖技术，采用科学的施肥、灌溉方法，有效提高了农产品的产量和质量。在石雕生产领域，农户引入标准化生产流程，确保石雕产品质量的稳定性。同时，农户借助"华侨代购"模式实现跨境直销，减少了中间环节，增加了自身收入。

人工智能技术深度嵌入协作网络的各个环节。首先，在农业生产领域，农户可借助智能监测设备实时掌握农田环境，实现精准种植。智能灌溉系统依据土壤湿度与作物需水状况自动作业，水资源节约率超30%，典型如阜山乡双溪坑头垟雾耕基地采用精准喷灌和无土栽培技术，节水率高达90%，单位面积产量提升5倍有余；智能施肥系统依据土壤养分和作物生长阶段精准施肥，减少化肥用量的同时，提升农产品产量与市场竞争力，

2024 年青田县农业总产值达 18.71 亿元。其次，乡村治理依托数字化平台，各方实现信息互通、协同合作。智能监控摄像头搭配人工智能图像识别技术，实时监控乡村公共区域，自动甄别异常行为，有效降低治安事件发生率；环境监测传感器结合人工智能数据分析，实时跟踪河流、山林等区域环境数据，及时发现并处理污染问题，守护乡村生态。交通管理上，智能交通监测系统实时监测乡村道路车流量，智能调控交通信号灯时长，有效缓解交通拥堵。公共服务领域，"数智侨务"平台实现涉侨高频审批事项跨境数字化办理，为海外侨胞提供"一站式"智慧服务，已成功解决 80 多项涉侨服务事项，提供线上咨询 6 万余次。再次，人工智能全面优化政务、医疗、教育等服务流程。智能审批系统大幅缩短审批时长，智能客服快速回应民众咨询；医疗服务中，人工智能辅助诊断系统助力医生提升诊断效率与准确性；教育方面，借助人工智能打造个性化学习平台，依据学生情况、兴趣和能力定制学习计划，运用 VR、AR 技术打造沉浸式学习环境，显著提升学习效果。最后，该协作网络促进特色产业与跨境电商、物流等产业深度数字化融合，形成完整的数字化供应链闭环。2023 年青田县农产品出口销售额达 1.58 亿元，较 2022 年同期增长了 26.4%，有力推动青田县经济快速发展，助力数字乡村建设迈向新高度。

总的来说，青田县通过强化主体协同、深度应用数字技术，打破了地理局限，构建起"本地生产—全球分销"模式，在资源整合、产业发展和社会治理等方面展现出独特优势，为县域数字乡村建设提供了可借鉴的创新范例。

(2) 双向协同的秩序化发展模式——松阳县"智慧茶产业"全链条升级

在人工智能技术的驱动下，松阳县立足自身资源禀赋，聚焦茶产业，构建出双向协同的秩序化发展模式，为产业发展与乡村振兴探索出一条创新之路。具体是：以茶产业链为核心纽带，借助人工智能技术搭建起多元主体紧密协作的高效平台，凭借数据双向流通、多元主体协同、技术深度赋能、制度保障有力以及利益共享驱动等显著特点，实现茶产业从源头到终端的全方位升级。

首先，数据双向流通，精准驱动产业革新。松阳县精心搭建"松阳茶叶在线"平台，通过"1＋7＋N"让省、市、县、乡、村、户纵向贯通，通过 33 个部门与 38 项跨业务横向协同，形成茶产业全链条管理系统，为数据双向协同奠定坚实基础。政府借助该平台，在数据双向协同中发挥关键引领作用，不仅提供政策支持与信息服务，还通过组织协调各方资源，为产业发展营造良好环境。一方面，政府向茶农精准推送标准化种植方案、生态补贴政策以及市场动态信息。并基于平台实时采集的气象数据、茶树生长周期数据，政府全面收集茶农施肥、施药、采摘等生产行为数据，以及茶商的交易数据，汇聚成庞大的动态数据库，为政府制定科学合理的产业政策提供依据。另一方面，茶农作为一线生产主体，积极参与数据双向协同。他们借助平台获取专业种植技术指导，学习先进病虫害防治方法和施肥技巧，提升茶叶产量与质量。同时，茶农将生产实践中遇到的问题与市场需求及时反馈给政府和企业。当茶农反馈市场对高香、耐泡型茶叶需求增加时，政府据此引导企业加大相关品种研发与种植推广，企业迅速调整加工工艺，推出迎合市场需求的新品，市场反响热烈。茶商和企业也依托平台，在数据双向协同中实现业务拓展与创新。茶商凭借市场渠道优势，将产品推向更广阔市场，企业则在产品研发、品牌建设与市场拓展方面发力，各主体优势互补，共同推动茶产业全链条发展。企业依据平台提供的市场数据，敏锐洞察市场趋势，灵活调整生产计划与产品研发方向。

其次，多元协同与制度赋能，共促产业腾飞。双向协同的秩序化发展模式打破传统单一主体主导的局面，实现政府、茶农、茶商、企业等多元主体的协同共进。人工智能、物联网、区块链等前沿技术深度融入松阳县茶产业链，全方位提升产业发展效能。在种植环节，物联网设备实时采集茶园土壤湿度、养分含量、光照强度等数据，通过人工智能算法深度分析，为茶农提供精准的施肥、灌溉建议，实现精准种植。智能水肥灌溉系统依据土壤墒情与茶树需水规律自动作业，在节约水资源 30% 以上的同时，使茶叶产量提高 15％。在古市镇的万亩茶园，采用智能种植技术后，茶叶品质显著提升，高端茶叶占比从 20％跃升至 35％。在加工环节，数字化设备与人工智能技术并驾齐驱。自动化生产线精准控制茶叶加工温度、时间等参数，确保产品质量稳定。同时，利用人工智能技术对茶叶进行分级筛选，提高了分级的准确性和效率。目前，松阳县茶园面积已达 15.32 万亩，良种化率达 96.3％；茶叶总产量 1.86 万吨、总产值 20.49 亿元。在销售环节，区块链技术为茶叶溯源保驾护航。"松阳茶叶在线"平台利用区块链不可篡改特性，实现茶叶从种植、加工到销售全过程信息的精准追溯。消费者只需扫码，即可获取茶叶详细信息，极大地增强了市场信任度。因可溯源特性，松阳茶叶订单量较上年同期增长 40％。智慧物流的应用更是大幅提升效率，工作时间从 4 小时骤减至 2 分钟，发货量达 99.41 吨，每单货物发货时间累计节约 3 小时，有效降低物流成本，提升市场响应速度。此外，松阳还积极发展直播经济、电商经济，让数据成为新农资、直播成为新农活、主播成为新农民，全县累计培育茶叶网店 1 500 余家，直播电商 400 余家，带动就业 8 000 余人。2022 年第三方电商平台产生茶叶线上订单 4 936.77 万件，网络零售额 42.47 亿元，较上年 25.91 亿元增长了 63.91 个百分点。

再次，为保障双向协同秩序化发展，松阳县出台了一系列制度。完善"松阳茶叶在线"制度标准支撑体系，制定了《茶青溯源交易平台使用奖励办法》《松阳县推进茶产业转型升级扶持办法》等 8 项制度，以及《茶树病虫害防治社会化服务规范》《松阳茶生产技术规范》《地理标志产品·松阳茶》等 7 项标准。这些制度明确了各主体在茶产业发展中的权利和义务，规范了生产、加工、交易等环节的行为，为双向协同提供了坚实的制度保障。

最后，松阳县茶产业链双向协同秩序化发展模式取得了显著成效。在产业发展方面，推动了茶产业全链升级，提高了产业竞争力。2023 年，松阳县茶叶产量和产值实现双增长，前三季度，全县茶叶产量 16 110 吨、产值 14.12 亿元，同比增长 5.51 个百分点、6.13 个百分点；1—10 月浙南茶叶市场交易量 7.66 万吨、交易额 63.63 亿元，交易量趋于平稳、交易额略有增加。在品牌建设方面，提升了松阳茶叶的品牌知名度和美誉度。"松阳银猴"品牌价值不断攀升，2023 年达到 30.82 亿元，居丽水市第一位、全省第七位、全国第四十七位，为松阳县农村经济发展注入了新动力，促进了农村产业融合和农民增收。通过茶文旅融合发展，带动了乡村旅游的兴起，增加了农民的就业机会和收入来源。金融机构在该模式中也找到了新的业务增长点。根据"松阳茶叶在线"平台的交易数据和茶农、茶商的信用记录，金融机构为其提供精准的信贷服务。2023 年 1—9月，全县发放茶产业贷款 2.02 万笔，同比增长了 6.98 个百分点；截至2023 年 9 月底，茶产业贷款余额 28.57 亿元，同比增长了 9.76 个百分点。这种基于数据的信贷模式，降低了金融风险，实现了金融机构与茶产业主体的互利共赢。

总的来说，双向协同秩序化发展模式相较于传统单向监管模式（表 6-1），在多主体协同机制、技术赋能产业升级、制度保障产业发展以及利益联结机制构建方面展现出显著优势，为推动山区县数字乡村建设提供了样本和可借鉴的发展模式。

表 6-1　双向协同秩序化发展模式相较于传统单向监管模式的对比分析

维度	传统单向监管模式	双向协同秩序化模式
数据流动	政府单向收集数据，农户被动上报	政府与农户双向数据互馈，驱动政策动态优化
规则制定	政府主导刚性规则，缺乏弹性	多主体共建规则，通过反馈迭代实现自适应
监管成本	依赖人工巡查，成本高、覆盖率低	技术替代人工，监管效率显著提升
主体参与动力	依赖行政强制，农户抵触情绪高	经济激励与价值增值驱动自发参与

（3）政策导向与人工智能支撑的联动发展模式——遂昌县"天工之城"数字治理平台

遂昌县地处浙西南山区，是钱瓯之水发源地，仙霞山脉贯全境，凭借生态资源优势和正确的发展策略，遂昌县已成为浙江省首批大花园示范县、浙江省数字经济创新发展试验区、全国绿色发展百强县、国家生态文明建设示范县以及全国县域数字农业农村发展先进县。在数字乡村建设进程中，遂昌县积极探索创新，以顶层政策设计为引领，精准引导人工智能技术在乡村治理领域的应用方向，通过制度创新充分释放技术红利，形成了政策导向与人工智能技术支撑的联动发展模式，为县域数字乡村建设提供了新的思路与实践范例。典型如遂昌县以"天工之城"数字治理平台为核心载体，借助人工智能、大数据、物联网等技术，对乡村治理进行全方位、智能化升级，推动乡村治理体系和治理能力现代化。

首先，政策导向明确发展方向，战略规划引领数字乡村建设。遂昌县出台《遂昌县数字经济发展三年行动计划（2020—2022年）》，明确将数字经济作为高质量绿色发展的重要驱动力。通过政策引导，遂昌县明确了数字乡村建设的阶段性目标和发展路径，并运用财政补贴、标准制定等政策工具，推动人工智能技术在数字乡村建设中的应用。在"天工之城"的建设进程中，政府对引入的数字经济头部企业给予政策优惠，成功吸引了阿里云、网易等20余家企业入驻。这些行业领军企业不仅带来了先进的人工智能技术，还带来了创新的发展理念，有力地加速了当地数字产业的集聚与发展。同时，政策积极支持数字技术在农业、文旅等传统产业的融合应用，推动产业数字化转型，为乡村经济发展注入新活力。

其次，人工智能技术支撑提升乡村治理效能。遂昌"天工之城"数字治理平台依托人工智能计算中心的强大算力，对乡村安防监控系统进行智能化升级。一方面，运用图像识别、行为分析等前沿技术对乡村公共区域实施24小时实时监测，能够及时发现异常情况并迅速预警，显著提升了乡村治安水平。另一方面，人工智能还能快速处理并深度分析气象、地质等灾害相关数据，提前预测自然灾害，制定应对措施，为应急救援提供科学决策支持，增强乡村应对灾害和突发事件的能力。同时，人工智能整合分析人口、土地、产业等各类乡村治理数据，实现政务工作数字化管理，提升工作推进的实时性与精准性，让村民办事更便捷高效，也为政府精准决策提供依据。

最后，遂昌县"天工之城"数字治理平台的建设，推动数字乡村建设取得显著成效。在产业发展方面，数字经济核心产业主营业务收入持续攀升，2022年目标突破20亿元。农村电商发展迅速，网络零售额持续增长，2019年为15.15亿元，2022年目标达到30亿元。在乡村治理方面，"天工系统"的应用提高了政府工作效能，实现了政务服务的数字化和智能化。乡村基础设施不断完善，5G网络覆盖逐步扩大，为数字乡村建设提供了坚实的支撑。

总的来说，遂昌县"天工之城"的政策导向与人工智能支撑的联动发展模式，强调政策的引领作用和人工智能的技术赋能，注重产业发展与乡村治理的协同推进，实现了乡村治理的智能化、高效化，促进了乡村经济的发展和村民生活水平的提高，为实现乡村振兴战略目标提供了有力支撑。

(4) 人工智能技术嵌入品牌建设的多元发展模式——景宁畲族自治县AI赋能生态农业

海拔600米以上山区是浙西南亚热带冬季雪线地理分界线，也是景宁畲族自治县60%以上畲族群众分布地。它是高山生态农产品标识地，也是畲族人文栖息地。景宁畲族自治县将这一地理标志的农产品注册为"景宁600"区域公共品牌。目前，"景宁600"已有加盟企业55家，建成基地11.7万亩。近年来，为了进一步扩大"景宁600"效应，景宁畲族自治县致力于生态与产业新技术的深度融合，驱动数字技术应用和生态价值实现"双轮"效应，通过种绿"一篮菜"、做大"一片叶"、育好"一盆藓"和用活"一个码"等"四个一"实践，实现"景宁600"农产品提质增效。"景宁600"助农增收入选浙江省高质量发展建设共同富裕示范区首批典型案例。

①开发数字农业基地，种绿"一篮菜"，破解农业立体化难题。浙江景雁农业有限公司"云中驿现代农业创意园"，位于景宁畲族自治县雁溪乡浮亭岗村海拔1200米的山地上，占地500亩。总投资概算8000万元，首期投资3000多万元，其中魏以有个体投资1300多万元，政府投入道路、土地整理配套资金1700万元，折算成本每亩投入6.5万元。定位以

果蔬雾耕种植为主导，发展种养融合效益农业。基地采用立体化耕作模式：利用山地高海拔生态优势，地上种植樱桃、猕猴桃、蓝莓；地面立柱式无土栽培千禧果等富硒果蔬，实行喷雾雾耕、富硒营养液滴灌和杀虫植物源生物防治等技术，果蔬产品富含硒营养素且绿色无公害；林下地表涵养生草，蓄养黑鸡、黑兔、黑羊、黑牛等"四黑"家畜，实现植物、动物、微生物的有机循环。同时，运用数字技术对农作物生长进行实时监测，不断节约优化劳动力和生产资料的投入。亩产值富硒果蔬12万元、"四黑"家畜3万元，实现当年投资当年回本的效益，解决了民族地区传统农业山地多效益低和生产污染问题。该项目围绕"资源节约、环境友好、生态保育、绿色供给"的理念，采用山地立柱式的耕作模式。主要特点：一是生态型生产。能够保留地表原有植被生态，利用山地物种多样性与气候梯度优势，采用立体无土栽培和喷雾、富硒营养液滴灌雾耕技术，实现果蔬的周年种植和民族乡村山地资源的有效利用；二是立体化耕作。构建空中果蔬、地被生草、"四黑"家畜放养的三维生态农业系统，将生态富硒果蔬种植与高价值生态"四黑"家畜养殖结合起来，不喂食放任野化生态养殖"四黑"家畜一亩30～50羽（只），实现动物、植物、微生物生态圈的循环；三是绿色无公害。将农业生态与自然生态有机融合，利用杀虫植物源的生物防治技术实现果蔬的免农药种植，采用滴灌营养液雾耕技术生产，使得果蔬富含硒营养素；四是低成本高效率。基地运用轨道运输降低人力成本，应用无人机进行病虫害植保防治，实现人均管百亩的生产效率。

②植入人工智能技术，做大"一片叶"，破解农业链条化难题。惠明茶是浙江"十大名茶"、景宁畲族自治县的主导产业、生态产业和富民产业，曾获得1915年巴拿马万国博览会金质奖章，被称为"金奖惠明"，实施"千年名茶，品质惠明"行动计划，将人工智能技术引入茶产业，推进茶产业扩能提质惠民。2021年，全县惠明茶产值50 676万元，带动茶农人均增收8 500元。景宁畲族自治县获评"中国茶叶百强县"，惠明茶入选国家地理标志产品。景宁畲族自治县将人工智能技术引入茶产业，实现

扩能提质惠民。其做法是：首先，构建惠明茶产业数字化一张图。将全县7.31万亩茶园、115家茶叶生产加工主体、20个星级合作社和40个家庭农场纳入"茶产业大脑"，集成大数据采集、监测、共享、分析、预测、预警、决策等功能，实行一张图数字化管理，对茶园产业基础、生产管理水平、产业提质增效能力、农业服务水平等进行数据分析评价决策，提高茶产业决策管理效能和服务能力。其次，建立"共生通"绿色循环生产体系。植入信息采集技术和智能化控制手段，实时获取水肥情况、病虫害预测、气温湿度等信息，并精准实施智能控制生产；通过物联网技术监测与数据分析，实施"养羊控草""引鸟吃虫"等种植模式，集成气象、墒情、虫情等物联网监测设备，利用数字化农事管理工具，实现采集、分析、预警、推送、控制的五自动，精减用工和农药化肥使用，提高了茶品质及附加值。同时，拓展茶山茶园休闲观光功能，推进千峡湖沿岸早茶区、东坑白茶区等惠明茶产业带，重点建设惠明茶文化园区，促进景宁畲族自治县茶旅融合，拓展农民增收渠道。景宁畲族自治县将茶文化产业融入长三角一体化，以"山海协作"为桥梁，紧抓上海静安区战略合作契机，助推两地茶文化、产业、旅游等方面的深度合作交流，做长茶产业链，带动三产发展，赋能乡村振兴。最后，"茶工通"联通农民工供需。建立"茶工通"数字应用服务平台，将惠明茶采茶务工信息与采茶务工需求进行数字化对接和管理，改变传统茶企招募茶工的方式，解决茶企与茶工信息不对称的"茶工荒"问题，有效降低了成本，提高了效益。

③引入智控生产，育好"一盆藓"，破解农业产业化难题。2018年，景宁畲族自治县毛垟乡与全国唯一苔藓专业化繁育企业——丽水润生苔藓科技有限公司落地合作，建成多功能苔藓文化园、智能化苔藓育苗总部基地、苔藓光湿温智控栽培工厂，培育形成集苔藓种植、育苗、文创产品制作销售、绿化工程建设于一体的苔藓产业链。毛垟乡成立强村公司，集中流转闲置土地，引导农户以资金、土地、房屋等入股，利用荒地、旱地、林地等资源种植苔藓，建成占地50亩的苔藓育苗基地。基地采取人工智能控制光照、温度、水分、空气流通量、施肥等技术，实现精准控制，同

时实施远程监控，解决了在偏远山区管理难的问题。利用吸水低温进行热交换原理，将低温溪水引入育苗苗盆基底，底部通过水帘风机进行热交换，营造一个稳定的温湿度环境，从而解决了苔藓栽培高温的问题，避免常规风机空调降温能耗高、空气交互量过大、湿度无法保障的问题，实现了智能低能耗栽培。毛垟苔藓育苗基地成为全国最具规模和最具专业性的苔藓育苗总部基地，如今毛垟苔藓走入县城、进入市区、融入长三角、走向世界。截至目前，毛垟乡苔藓种植面积 300 亩，年产值 1 300 万元，每年为 150 余户村民实现户均增收 1.3 万元。研发苔藓文创产品 10 余种，年销售额 380 余万元，苔藓景观工程销售 730 万元，村集体总收入从 2016 年的不足 10 万元增加到 2021 年的 263 万元。经营性收入实现了从零到百万元的突破。

④搭建数字化平台，用活"一个码"，破解农业信息化难题。建立"码上知"应用平台，为"一篮菜""一片叶""一盆藓"插上了服务在线化、管理数字化、经营网络化的翅膀。"码上知"联通市场监管、财政等部门数据，为农业主体提供政策咨询、项目申报、资金拨付、质量溯源等一站式服务；统一"景宁 600"产品管理，规范茶叶、"畲五味"中药材、高山蔬果等产品在标准化生产、贮运加工、产品检测认证等方面的准入和准出；关联 65 家企业公众号及客户流量，畅通了品牌产品的种植、流通、销售、物流等全链路；提供农产品质量安全追溯、农产品价格监测预警、农产品产销对接等服务，降低了生产与市场信息不对称的损耗和成本；实现了产业链间交互服务，推动链间横纵拓展、信息价值跨链流通，使得主体间互信共享、监管便捷高效；促成交易的社会资源、信任、声誉等生成可量化、可传递、可变现的数据，提高了数据质量、要素流通效率和市场运营效率；实现了去中心化、打破信息孤岛等功能，增强了横向主体间生产的灵活性和可控性，提升了农业生产、资源配置效率和产业组织化程度。"景宁 600"区域公共品牌，连续两年被写入浙江省政府工作报告，成功创建省级农业绿色发展先行县。

⑤谋划数字化系统扩面改革，用好"一个保"，破解农业风险化难题。

景宁在浙江省"先试先行"，率先进行低收入农户帮促数字化系统扩面改革，运用大数据分析，构建主动发现、动态监测、返贫预警、精准帮促、信息反馈的执行链，建立风险动态监测和预警机制。积极谋划"政银保"4.0版本，努力形成农村产业发展利益链和生态圈。以农村金融改革助力"景宁600"现代农业加快发展，累计发放贴息贷款总额8.56亿元，受益低收入农户15 526户次，壮大村集体经济67个。持续加大投入，做大做强县乡两级兴村富农公司，并以村集体经济支撑和服务农村经济发展为核心，目前丽景园小微孵化园已入驻企业259家，2021年实现收入89万元，为全县21个乡镇60个村分红60万元。全县136个村全部完成经营性收入10万元，总收入20万元，占比100%，集体经济收入增幅19.38%。

总的来说，浙江景宁畲族自治县依托生态优势和高山资源禀赋，紧盯市场绿色农产品需求，将人工智能技术引入农业，发展现代智慧农业，助力"景宁600"农产品提质增效，促进村集体和农民"双增收"，激发了民族乡村振兴新动能，拓展了民族乡村高质量发展促进共同富裕的新路径。农产品质量安全省级以上抽检连续9年合格率100%，实现农产品销售额23.95亿元，平均溢价率超过30%。农村常住居民人均可支配收入从2016年的14 989元提高到2022年的26 139元，城乡收入比由2.06缩减至1.83。

6.2.2　人工智能嵌入丽水县域数字乡村建设的经验

基于上述青田、松阳、遂昌、景宁等地的实践探索，丽水9县（市、区）在将人工智能嵌入数字乡村建设进程中，积累了四点经验，展现了人工智能技术变革乡村发展方式的新动能。

（1）多元主体协同合作，整合资源形成合力

数字乡村建设需要充分发挥政府、企业、社会组织和农户等多元主体的作用，构建紧密的协作网络。青田县构建"政府＋侨联＋跨境电商＋农户"矩阵式协作体系，通过政府发挥规划引领作用、侨联实现资源对接、跨境电商拓展销售渠道、农户保障产品品质，成功打造了完整的产销闭环。松阳县以茶产业链为纽带，构建"政府、茶农、茶商、企业"全链条协作网络，积极推动县乡、政企间的多层级联动。遂昌县通过政企协同，吸引头部企业参与数字乡村共建。三地实践充分证明，构建跨领域的多元主体协作网络，清晰界定各主体的权责分工，并利用人工智能技术促进生产要素的高效配置与整合，可以推动数字乡村建设稳步前行。

（2）深度应用人工智能技术，推动产业升级与治理优化

人工智能技术在农业生产、乡村治理和公共服务中的深度应用是数字乡村建设的关键。通过智能监测设备、大数据分析、物联网等技术，可以实现农业生产的精准化、乡村治理的智能化和公共服务的高效化。松阳县利用物联网和人工智能技术实现茶叶种植的精准化管理，提升了茶叶品质和市场竞争力；景宁畲族自治县通过"码上知"平台实现农产品质量安全追溯和产销对接，降低了市场信息不对称损耗；青田县借助5G＋智慧农业、人工智能翻译等技术打破地域限制，构建起"本地生产—全球分销"的发展模式；遂昌县"天工之城"项目运用人工智能技术提升灾害预测精度、优化政务服务，展现技术对治理效能的倍增作用。以上的成功实践充分证明各地应根据自身资源禀赋和产业特点，选择合适的人工智能应用场景，如智能农业、智慧物流、智能监控等，推动产业升级和治理能力提升，从而实现乡村经济的高质量发展和农民生活质量的显著提高。

（3）强化政策引导与制度保障，营造良好发展环境

政策支持和制度保障是人工智能嵌入数字乡村建设的重要支撑。地方政府应通过制定明确的政策规划，提供财政、税收、土地等方面的优惠政策，为数字乡村建设提供良好的政策环境。例如，遂昌县通过《数字经济发展三年行动计划》明确发展方向，吸引数字经济企业入驻；松阳县通过制定《茶青溯源交易平台使用奖励办法》等制度，规范产业发展。这些成功的案例证明了政策引导与制度保障对人工智能嵌入数字乡村建设的重要作用，各地应完善相关制度标准，明确各主体的权利和义务，规范生产、加工、交易等环节的行为，为数字乡村建设提供坚实的制度保障。通过政策引导和制度赋能，可以充分激发人工智能嵌入数字乡村建设的效力，推动乡村经济社会的全面发展。

(4) 聚焦品牌建设与市场拓展，提升农产品附加值

数字乡村建设应注重品牌建设和市场拓展，通过人工智能技术赋能品牌建设，提升农产品的市场竞争力。景宁畲族自治县通过"景宁600"区域公共品牌，结合数字化手段实现农产品提质增效，推动品牌走向全国市场；松阳县通过区块链溯源技术增强茶叶品牌信任度，提升市场订单量。各地应结合本地特色资源，打造区域公共品牌，利用数字化手段提升品牌知名度和市场影响力，推动农产品从"卖产品"向"卖品牌"转变。同时，通过电商平台、直播带货等新兴营销手段，拓宽农产品销售渠道，实现农产品的优质优价，从而带动农民增收和农村经济发展。

6.3 人工智能嵌入丽水县域数字乡村建设存在的问题与困境

丽水9县（市、区）积极引入人工智能技术助力数字乡村建设，然而在实践中，也面临着诸多错综复杂的问题与困境，严重制约了数字乡村建设的推进速度与实际成效。为推动丽水县域数字乡村建设的发展，我们对这些问题进行了深入剖析。

6.3.1 区域发展失衡：金融支持与人工智能技术渗透的双重落差

丽水9县（市、区）在数字普惠金融与人工智能发展水平上呈现出显著的非均衡性。从图6-6、图6-7可知，2014—2022年期间莲都区的数字普惠金融指数及数字化程度远超其他区县，庆元县的数字普惠金融指数年均增长率达8%，在丽水9县（市、区）中表现突出，其次是景宁畲族自治县、龙泉市、青田县与松阳县，分别达到7.97%、7.89%、7.48%与7.27%，云和县、缙云县和遂昌县均在6%以上，而莲都区仅增长了

4.58%。在此期间，金融指数差距最高达 1.75 倍。而莲都区金融普惠指数显著领先于其他县域，表明其在金融服务的覆盖范围、使用深度和广度方面优于其他县区。但其较低的增长率表明，在维持高指数水平的情况下，进一步实现快速增长面临着一定挑战。相比之下，景宁畲族自治县等指数较低的区县，增长率也未呈现持续高速增长态势，意味着其在提升金融普惠水平过程中面临诸多限制因素或动力不足。这种差异表明，在人工智能技术助力乡村经济发展的语境下，不同区域在金融服务可得性方面存在着巨大的鸿沟。金融资源的不均衡分配，使得部分地区因资金短缺，进而在人工智能设备与技术的投入上受到限制。这一限制进一步延伸至农业生产领域，导致人工智能应用的区域差距显著。虽然松阳县在"智慧茶产业"发展过程中，在茶园智能化管理上优势突出，智能灌溉系统覆盖率高。而一些山区村庄，受地形条件复杂以及资金匮乏的双重制约，农业生产智能化设备覆盖不足，很大程度上依然依赖自然条件进行农业生产，农作物产量不仅低于采用智能化管理的地区，且具有较高的不可控性。这也表明不同区域在获取金融支持及运用人工智能推动农业发展的能力上存在巨大差距，极大地阻碍了人工智能技术在乡村的均衡发展与广泛普及。

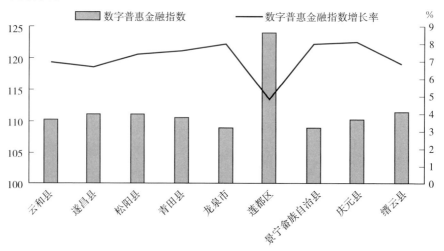

图 6-6 丽水 9 县（市、区）数字普惠金融指数与增长率

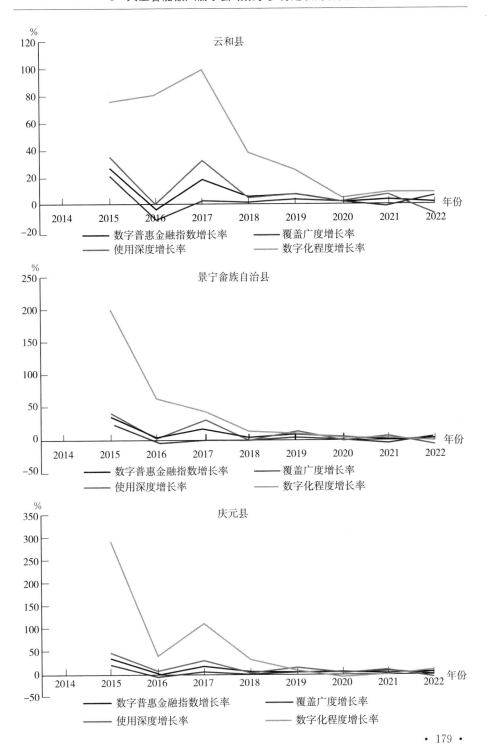

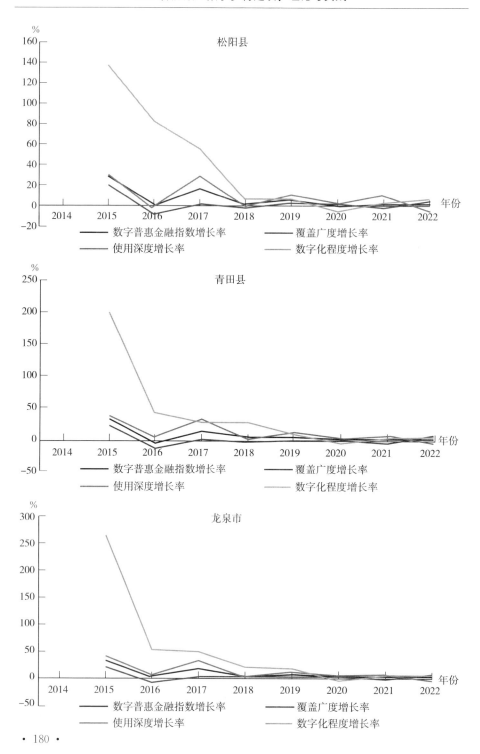

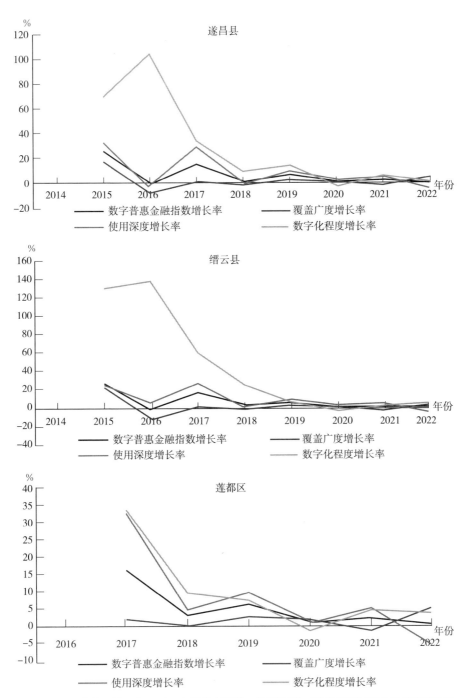

图 6 - 7 丽水市 9 县（市、区）金融普惠指数、使用深度、覆盖广度和数字化程度增长率

6.3.2 技术浅层应用：效率瓶颈与经济损失并存

丽水部分县区虽已引入人工智能技术，但在实际应用中，尚未能实现深度嵌入。青田县的"侨乡资源数字化"协作网络中人工智能技术主要应用于语言翻译系统和区块链跨境支付等交互方面，但在农业生产和农产品质量检测环节，却仍旧过度依赖人工经验判断，这种方式难以保证质量检测的精准性，进而可能导致信誉受损以及经济损失。遂昌县的"天工之城"数字治理平台在乡村安防监控方面，虽能实现实时监测和异常预警功能，但在面对团伙作案等复杂安全事件时，分析和处理能力有限，仍需大量人力介入。这表明人工智能在数字乡村建设中的效能未能得到充分发挥，难以契合乡村治理的实际需求，在一定程度上形成了效率瓶颈。

6.3.3 创新动力不足：政策落地与认知差距

莲都区凭借众多的人工智能企业，具备更强的创新研发能力。在与其他县区进行产业协同过程中，能够不断推出新的技术、产品和服务模式，有力推动产业协同向更高层次发展。而人工智能企业匮乏的县区，自身创新能力有限，在产业协同中更多是应用现有的成熟技术，难以对产业协同进行创新性的改进和拓展。这不仅限制了县域间产业协同整体创新能力的提升，也不利于打造具有竞争力的区域产业协同发展格局。由于缺乏创新意识和创新能力，丽水部分县域在数字乡村建设中难以探索出适合当地发展的新模式。在遂昌县数字乡村建设中，存在模式创新缺乏动力的问题，政策导向未能完全有效落地，在产业创新升级、助农模式变革等方面进展缓慢，无法充分发挥数字技术对乡村经济、社会、治理等方面的赋能作用。而参与数字乡村建设的农民受自身素质不高以及投入成本不足等因素的制约，农民对人工智能技术的应用主要集中在生活娱乐和农产品电商销售等基础领域，而在精准种植、灾害预警等深度应用场景方面存在明显欠缺。这种"工具化"的使用模式在深度应用和创新应用方面严重不足，难以实现人工智能技术与乡村产业、治理、服务的深度融合。

6.3.4 数据安全风险：基础设施薄弱加剧隐患

随着人工智能在数字乡村建设中的广泛应用，数据安全和隐私保护问题日益突出，由于数据安全防护措施不到位，跨境电商数据泄露事件给相关人员带来了潜在的经济损失和隐私风险。青田县跨境电商平台汇集了众多侨商与农户信息，松阳县"智慧茶产业"中大量茶农的生产数据、茶商的交易数据汇聚在"松阳茶叶在线"平台，如果平台的数据安全机制不完善，一旦数据泄露，将对整个茶产业和跨境电商行业的发展造成严重影响，可能导致市场秩序混乱、企业信誉受损等问题。

与此同时，部分县域的数字基础设施建设滞后，成为人工智能技术普及和应用的重要阻碍。如图 6-8 所示，金融数字化程度较高的县域，如莲都区、缙云县和遂昌县等，在数字乡村建设中拥有更为完善的网络通信、数据传输等基础设施条件。这些良好的基础设施有利于人工智能技术与乡村产业、治理的深度融合，能够更顺畅地运行依赖网络的人工智能应用，诸如农产品电商的智能营销系统、乡村安防的实时监测预警系统等，也使得相应县域的人工智能企业数量相对较多。反观庆元县等部分县域，数字基础设施建设存在明显短板。以庆元县为例，部分偏远乡村存在网络信号不稳定的问题，网络带宽仅为 50Mbps，难以满足大数据传输的需求，甚至可能导致实时监测功能失效。这一状况使得一些依赖网络的人工智能技术、数字农业技术等无法在当地得到有效的应用，农民难以享受到数字技术带来的便利和效益。即使引入了一些新技术，由于受到基础设施的限制，其利用率也较低。当前，网络基础设施的薄弱以及新型基础算力设施的缺乏，迫切需要通过制定相关规范并运用技术手段来突破这些障碍，以推进数据要素的流通和市场化进程，为数字乡村建设提供坚实的基础支撑。

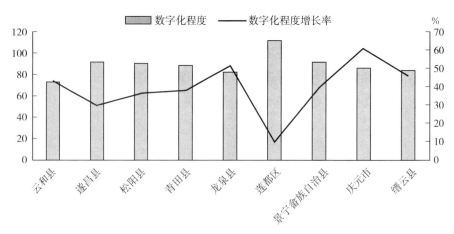

图 6-8　丽水 9 县（市、区）金融普惠数字化程度

6.3.5　产业融合困境：分散经营与品牌效益低

在丽水部分县域，产业基础薄弱的现状较为突出，突出表现为缺乏具备强劲竞争力的产业集群以及龙头企业。松阳县茶叶产业中，高达87%的经营主体为分散农户。这种分散经营模式使得智能设备的人均投入成本显著高于集约化产区，难以形成规模效应与协同效应，在激烈的市场竞争中处于明显劣势。也极大地限制了与外部市场的有效对接，导致吸引外部企业投资与合作困难重重，难以借助外部资源实现产业链的拓展以及产业竞争力的提升。相较于产业集聚且外源连接较强的地区，松阳县在获取市场信息、先进生产技术和管理经验等方面存在明显短板，严重阻碍了产业的升级与创新发展。

在县域间产业协同方面，丽水 9 县（市、区）间的差异也较为显著。当前人工智能企业分布不均衡，使得县域间产业协同大多围绕莲都区展开，其他县区之间的横向协同较少。由图 6-9 可知，莲都区的人工智能企业总量远超其他县区，在技术研发、人才储备和资金实力等方面优势明显，能够为产业协同提供丰富的资源与有力的支持。莲都区凭借自身强大的技术实力，开发适用于不同产业的人工智能应用，并与其他县区的特色产业开展对接合作。例如，莲都区与松阳县的茶产业合作，借助人工智能技术推动茶叶生产智能化和销售数字化进程。与之形成鲜明对比的是，松阳县、云和县、庆元县等人工智能企业数量较少的县域，在产业协同中可提供的技术和资源相对有限，在与其他县区开展协同合作时，往往更多地处于承接技术应用和产品加工的从属地位，在协同发展中的话语权较弱，这在很大程度上限制了产业融合的深度与广度。像青田县、遂昌县等企业数量中等的县区，更多地是与莲都区的企业合作，彼此之间在人工智能与产业融合方面的合作相对匮乏，不利于构建全面、多元化的产业协同网络。这种状况也反映出产业链整合能力存在区域分化，致使部分县域产业发展缺乏后劲，难以实现快速且持续的增长。此外，品牌建设意识不足导致品牌效益低下。丽水地区高山种植的农产品在市场上缺乏足够的知名度和影响力，虽然通过品牌溢价能够提升产品附加值，但同时也受到市场相对价格的制约，进而限制了市场规模的扩大。市场规模受限进一步导致农民收入增长乏力，在一定程度上对产业的智能化发展形成了阻碍。

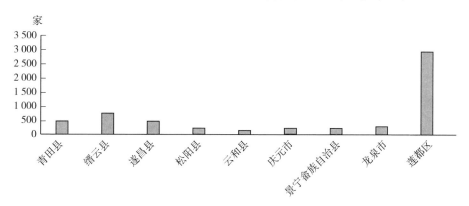

图 6-9　丽水市 9 县（市、区）人工智能企业数量分布

6.3.6　结构性矛盾：人才断层与技术适配矛盾

在丽水县域数字乡村建设中，人才与技术适配问题成为掣肘人工智能嵌入的关键因素。当前活跃在乡村的人主要包括：以农为生的"草根"群体、"务工难"的返乡创业"回流"群体、以新型经营主体为主的"精英"

群体，他们在乡村建设中扮演着不同的角色、发挥着不同的功能。但由于农村地区的信息化相对滞后，作为生产端的"草根"群体和"回流"群体受教育程度普遍不高，对于农业生产的人工智能应用存在认知偏差，有抵触心理和从众心理。以松阳为例，多数的茶叶种植户为本村村民，青壮劳动力较为匮乏，"科技型新农人"占比较低。县域农业从业者中50岁以上占比达67%，具备数字技能的"新农人"不足5%，劳动力断层现象加剧了人工智能等技术在农业领域应用的阻力。另一方面，丽水地处浙西南山区，经济发展水平处于浙江下游，难以吸引外部的优质人才和先进技术资源，使得在人工智能等技术的应用过程中，严重缺乏外部的智力与技术支撑，进而形成了"技术引进难—人才缺失—应用失效"的恶性循环。而专业人才的匮乏，直接导致在引进和应用人工智能技术时，出现技术与实际需求严重不匹配的状况。技术人员由于缺乏专业知识和技能，无法充分理解和熟练操作人工智能系统，致使系统的功能难以得到全面发挥，预期的精准农业生产目标也难以实现。以遂昌县的"天工系统"为例，在其运行过程中，由于缺乏专业的技术维护和数据分析人员，故障无法及时修复，数据无法得到充分利用，严重影响了乡村治理的效率和效果，从而对数字乡村建设的整体进程产生负面影响。

6.4 人工智能嵌入丽水县域数字乡村建设的提升对策

在数字乡村建设进程中，人工智能技术的深度嵌入已成为推动乡村发展的关键力量。针对人工智能技术嵌入丽水县域数字乡村建设所面临的系统性矛盾，建议采取以下对策，驱动人工智能嵌入丽水县域数字乡村建设，以深入推动山区乡村高质量发展和人民群众增收共富。

6.4.1 构建区域协同机制，破解资源分配失衡

资源分配失衡是制约人工智能嵌入丽水县域数字乡村建设的关键因素之一，构建区域协同机制是解决这一问题的重要途径。政府需发挥主导作

用，从金融资源和技术资源两方面着手推动区域协同。在金融资源配置上，设立专项基金并制定差异化政策，针对景宁畲族自治县这类金融资源短缺地区提供倾斜，着重支持农村信用社、村镇银行等金融机构开展数字金融服务，开发契合当地农户和农业企业需求的金融产品。比如推出"人工智能农业创业贷"，为投身智慧农业发展的主体提供低息、长期贷款，为农户购置智能设备提供低息贷款或融资租赁服务，缓解资金压力。在技术资源协同方面，构建丽水市县域数字乡村技术帮扶联盟，设立技术转移奖励机制，对成功实现技术转移和应用的主体给予资金奖励，以此推动区域间的协同发展，由莲都区等技术先进县区的企业、科研机构与山区县的乡村结成帮扶对子。对被帮扶村镇，加大农业智能化设备的补贴力度，引入智能监测系统，实时收集土壤、气象等数据，并提供技术培训与运维服务。

另外，建立"县域资源共享平台"能极大促进丽水市各县域间的协同发展。以松阳县为例，将智慧茶园管理系统模块化输出至其他县域，能够让具备相似产业基础的地区快速借鉴成功经验，降低自主研发或引入外部复杂技术的高昂成本。通过共享平台，其他县域无须重复投入大量人力、物力和时间进行技术摸索，直接应用适配后的模块，即可提升自身产业的智能化水平。而松阳县在输出优势的同时，也可以引入其他县域的多元人工智能技术，进一步推动茶产业发展。通过资源共享平台，各县域可共享技术资源，促进不同县域间的产业互动与合作。区域协同机制的建立，能优化资源分配，促进丽水各县域优势互补，推动数字乡村建设均衡发展，为实现全域数字乡村建设目标奠定坚实基础。

6.4.2 深化人工智能技术场景应用，推动全链条效能提升

深化技术场景应用是提升丽水县域数字乡村建设效能的核心任务。应聚焦农业与治理双场景，以场景需求牵引技术落地，构建技术适配、数据驱动、闭环优化的应用生态。在农业场景方面，各县域应加大人工智能投入，与高校、科研机构合作建立检测实验室，鼓励农业生产企业搭建智能

生产管理系统，打造"智慧农业示范园"和"人工智能质量检测中心"，引入先进的检测设备和算法，实现对农产品质量的精准检测与深度数据分析，构建农产品质量追溯体系，提升农产品质量和市场竞争力。在治理场景，遂昌县需升级"天工之城"数字治理平台，与科技企业合作提升其功能，引入先进的算法和人工智能视频分析等技术，提升平台对复杂安全事件的分析和处理能力，开发地质灾害预警模块，借助无人机巡查系统减少人力巡查投入等。同时，加强对平台技术人员的专业培训，提高其操作和维护能力，保障平台稳定高效运行。各县域也可以开发"智能政务服务系统"，利用人工智能客服提升乡村治理效率；深化技术在农业与治理场景的应用，能够有效提升农业生产效率和乡村治理水平，推动丽水县域数字乡村建设向更高水平迈进。

6.4.3　完善人才供给体系，破解"引育用留"难题

人才是人工智能嵌入数字乡村建设的创新驱动力。当前农民群体具有强烈的应用人工智能技术变革农业生产方式的意愿，但缺乏相应的专业技能。各级政府要依托农林院校和科研院所等机构，以及农业龙头企业的人工智能技术人才，加快培养一批人工智能领域的专业技术人才和管理人才。一是要大力发展农村职业技术教育，定期组织农民进行人工智能、电子商务、数字技术等智慧农业技术培训，提高农民对数字化、信息化平台的运用能力。要积极推进智慧农业人才下乡帮扶，重点对农村干部、新型农业经营主体等进行技术指导，增强其发展智慧农业意识，快速提升其智慧农业技术应用和管理水平。构建多方参与的数字乡村技能培育体系。搭建以政府为主导，产业组织、企业、公益组织等积极参与的数字技能培训联盟，推动覆盖全面、重点突出的数字技能培训体系建设，针对不同群体的差异化需求，开展多层次、多样化的数字技能培训。二是针对丽水县域乡村人口以老龄化群体为主的现状，加大对农村老龄群体的人工智能应用技能培训。针对老龄化群体数字素养较弱的现实，各级政府应在充分调研的基础上，明确老龄群体在人工智能应用技能方面的具体欠缺，按照他们

的现实需求，构建通俗化、包容性、便利性的培训体系。

具体而言，一方面，政府通过购买培训服务，按照线上和线下培训相结合的形式，重点向老龄群体传授数字技术、数字资源运用等方面的技能，改变他们对数字化转型不信任的观念；另一方面，涉农企业、电商平台、金融机构等产业链主体在农业生产经营实践中，应积极向老龄群体、小农户传授相关人工智能应用经验，增强其体验感和操作感，以数字化转型带来的便利性使其体会到人工智能应用技能和素养的重要。通过理论与实践、线上和线下相结合的技能培训形式，逐步提升老龄群体的人工智能应用技能，以缩小代际数字鸿沟。三是要强化产业数字化与人才培育融合发展。以培育新型农业生产经营主体和产业化联合体为目标，加强应用实践型人才的培育力度。强化"乡村网红"培育计划、农村电商培训等项目的财政经费保障，提高农村居民智能设备应用能力；加大柔性引才力度，鼓励和吸引人才通过兼职、顾问等方式为丽水县域数字乡村建设提供技术支持；组织专家团队深入丽水各县域展开调研，根据县域农村当地农业生产特点和乡村治理需求，对引进的人工智能技术进行本地化适配和优化。并建立人工智能技术应用反馈机制，确保技术与实际需求紧密契合，为数字乡村建设提供人才支持。

6.4.4　筑牢数据安全防线，完善数字基础设施

数据安全与数字基础设施是人工智能嵌入数字乡村建设的关键基石。而完善数字基础设施，则要聚焦薄弱环节精准发力。一是要设立农村数字技术基础设施专项建设资金，建设一批新型网络基础设施。对丽水各县域的山区农村等数字基础设施相对薄弱的地区展开全面深入的调研评估，掌握当地网络覆盖现状、通信设备老化程度、数据处理能力等实际情况，以此为依据制定科学合理的建设规划。设立农村数字技术基础设施专项建设资金引导工商企业和农业主体，投资农业生产数字化建设。综合运用分布式基站、卫星通信、边缘计算等多种前沿技术解决因地理环境复杂导致的网络覆盖难题，确保偏远乡村地区也能享受到高速、稳定的网络服务。同

时，对网络基础设施进行智能化、绿色化改造升级，完善基站布局，推进 5G 网络和千兆光纤宽带等新型网络基础设施建设。加大涉农数字技术特别是核心技术研发，加大技术应用力度和范围，鼓励农业生产经营主体与技术供应商、技术平台之间打造合作共享体系，构建全过程数字化产业链。二是要开发数据存储分析、高效能计算、综合开发利用等特定环节和领域的农业互联网支撑平台。关注"数实融合"的现代生态农业新业态覆盖全产业链的各个环节，形成了"科研—种植—加工—仓储—交易—消费—文创—旅游—教育"的完整闭环，并将全产业链运行过程中的所有数据储存到区块链中。三是要加大农业数字化装备体系建设。加大传感器技术、遥感技术、地理信息技术等核心技术的研发和攻关，优化各类技术的组合供给，为生态农业数字化转型提供技术和数据支持；大力发展农业互联网工程，按照差异化方式扩大多样化智能农业设备供给；构建以数据采集、环境监测、定量分析决策、远程联动控制、精准投入为特征的智慧农业技术集成体系，提高农业生产智能化、经营网络化、管理数据化、服务在线化水平。四是要以大数据平台为基础，充分利用物联网、区块链和大数据等数字技术，推动村级数据中心与县级、市级数据中心互联互通，打破数据孤岛，实现数据资源共享和协同处理。

6.4.5 重构产业生态，激活产业融合发展动能

产业生态是人工智能嵌入数字乡村建设的重要领域和核心动力。在丽水县域数字乡村建设进程中，以特色集群、品牌增值、县域协同为着力点，借助技术赋能实现产业链重构，构建人工智能驱动的产业共生网络，推动发展模式从"单点突围"迈向"全域共富"。一方面，政府应制定引导性的产业扶持政策，加大对优势产业的支持力度和对薄弱县区的扶持力度，着重培育茶叶、食用菌等具有丽水特色的产业集群。通过财政补贴、税收优惠扶持潜力企业，培育龙头企业，发挥其在产业发展中的引领示范作用；加强产业园区建设，完善园区基础设施和配套服务，引导企业向园区集聚，实现资源共享、优势互补，提高产业协同效应。同时，加强丽水

地区农产品品牌建设规划，挖掘高山种植农产品的特色和优势，加强品牌宣传推广，通过展销会、电商直播、农业展会等推广品牌，提升知名度和影响力。建立品牌质量监管体系，确保品牌产品的质量和安全，维护品牌声誉。另一方面，搭建丽水县域间产业协作平台，组织开展项目对接、技术交流和人才培训，推动企业合作。并对跨县域产业协同项目给予资金支持和政策优惠，在农业相对发达的松阳县设立"人工智能＋合作社"试点，通过智能采茶机分时租赁降低成本，增强合作社的智能化水平。依托"丽水山耕"人工智能品控中台对茶叶进行全链路评分，提升目标品牌溢价和市场规模。强化县域产业协同，重点提升数字化落后区域如景宁县、云和县、庆元县的数字化渗透率，缩小与莲都区的差距，实现区域产业的协调发展。此外，持续壮大优势农产品产业，挖掘特色农业潜力，发展茶叶等优势产业，突出高山农业特色，打有机生态牌，发展高端品牌农业，延伸产业价值链条，让产业链参与者受益，推动数字乡村与乡村产业振兴融合。

6.4.6　创新政策工具箱，激发内生发展动力

创新政策工具箱是激发丽水县域数字乡村建设内生动力的核心所在。构建激励兼容、风险兜底、试点迭代的政策体系，能够充分激活多元主体的参与活力，借助政策创新与技术反哺协同发力，推动发展模式从"外部输血"向"内生造血"转变。第一，在激励创新方面，政府需发挥主导作用，强化政策引导。设立每年 1 000 万元的丽水市数字乡村创新专项资金，广泛鼓励企业、科研机构和个人投身数字乡村建设的模式与技术创新。完善创新激励机制，对在产业升级、助农模式革新、人工智能应用等关键领域取得显著成果的主体，给予丰厚的资金奖励和政策扶持。建立数字乡村建设"赛马机制"，围绕县域人工智能设备利用率、数据安全达标率等核心指标进行考核，将考核奖励精准投入到人工智能技术的引进、研发和应用中。试点推行"人工智能应用券"制度，让农户和农业企业能够便捷获取智能监测、生产管理等人工智能服务，切实降低技术应用成本。

第二，农业发展易受自然因素影响，完善风险兜底政策至关重要。以松阳县等茶叶产区为重点，大力加强农业基础设施建设。一方面，安装气象监测站、智能灌溉系统等智能防灾减灾设施，实现灾害的精准预警与科学应对；另一方面，完善灌溉、排水、防风等基础工程，全面提升农业抵御自然灾害的能力。同时，积极推广农业保险，政府给予一定比例的保费补贴，引导农户参保，有效降低农业生产风险。第三，人才是推动数字乡村建设的关键力量，需实施积极的人才政策。出台返乡创业优惠政策，吸引年轻人回乡创业，助力年轻人将先进技术和创新理念带回乡村，成长为"科技型新农人"。优化农村职业教育，紧密结合农业现代化发展需求，调整专业设置，培养适应农业智能化、数字化转型的技能型人才。搭建农村人才服务平台，提供就业信息、技术支持和创业指导等一站式服务，促进人才合理流动与高效配置。第四，数字技术普及和物流建设是数字乡村建设的重要支撑。采用举办培训班、开展现场指导、利用线上教学等多样化培训方式，根据农民实际需求和接受能力定制个性化课程，提升农民数字技术素养。鼓励企业开发操作简便、实用性强的数字技术产品和服务，降低使用门槛，缩小城乡数字鸿沟。持续推进"快递下乡进村"工程，在丽水全域构建"县级中心—乡镇站—村级点"三级物流网络，创新"邮快合作""交邮一体"等模式，降低物流配送成本。并鼓励地方政府与科技企业深度合作，探索红绿资源数字化转化的有效路径。

通过构建系统、全面的创新政策体系，丽水县域能够凝聚各方力量，增强农业发展韧性，吸引和培育高素质人才，推动数字技术广泛应用和物流体系优化升级，为人工智能嵌入数字乡村建设注入持久的内生动力，助力乡村振兴战略的全面实施。

6.4.7　完善对口支援与山海协作机制，拓展绿色农产品市场

浙江省贯彻新发展理念和高质量发展要求，立足发挥比较优势和缩小区域发展差距，坚持实施山海协作工程，推进经济发达沿海地区的人工智能技术、人才、资本、市场与山区 24 县生态资源的有机结合，大力发展

高效生态、特色精品农业，取得了良好成效。丽水9县（市、区）政府要用好对口支援、山海协作等机制，充分利用东部沿海地区和省级大型展会、营销网络和互联网平台开展产销对接，拓展绿色市场，并创造市场需求来拉动扩大再生产，提高经济效益；要完善生态产品交易平台，以绿色优质反季节高山生态果蔬满足市场需求，提高农业效益，增加农民收入。建设一批休闲农业示范园、打造一批农家乐和精品民宿、构建一批精品乡村旅游路线，发展农文旅融合新业态，通过数字媒体发布营销信息，满足市民民族乡村旅游需求，促进民族乡村村集体和农民多元创收。

参考文献
REFERENCES

白永秀，张佳，王泽润，2022. 乡村数字化的内涵特征、理论机制与推进策略［J］. 宁夏
　　社会科学（5）：111－119.

保海旭，陶荣根，张晓卉，2022. 从数字管理到数字治理：理论、实践与反思［J］. 兰州
　　大学学报（社会科学版），50（5）：53－65.

蔡跃洲，陈楠，2019. 新技术革命下人工智能与高质量增长、高质量就业［J］. 数量经济
　　技术经济研究，36（5）：3－22.

曹静，周亚林，2018. 人工智能对经济的影响研究进展［J］. 经济学动态（1）：
　　103－115.

曾亿武，宋逸香，林夏珍，等，2021. 中国数字乡村建设若干问题刍议［J］. 中国农村经
　　济（4）：21－35.

陈潭，王鹏，2020. 信息鸿沟与数字乡村建设的实践症候［J］. 电子政务（12）：2－12.

陈悦，陈超美，刘则渊，等，2015. CiteSpace 知识图谱的方法论功能［J］. 科学学研究，
　　33（2）：242－253.

陈德余，汤勇刚，2021. 人工智能产业对区域经济发展影响测度分析［J］. 科技管理研
　　究，41（2）：138－144.

陈秋霖，许多，周羿，2018. 人口老龄化背景下人工智能的劳动力替代效应：基于跨国面
　　板数据和中国省级面板数据的分析［J］. 中国人口科学，32（6）：30－42，126－127.

陈晓，郑玉璐，姚笛，2020. 工业智能化、劳动力就业结构与经济增长质量：基于中介效
　　应模型的实证检验［J］. 华东经济管理，34（10）：56－64.

陈彦斌，林晨，陈小亮，2019. 人工智能、老龄化与经济增长［J］. 经济研究，54（7）：
　　47－63.

陈永伟，曾昭睿，2020. 机器人与生产率：基于省级面板数据的分析［J］. 山东大学学报

（哲学社会科学版）（2）：82 - 97.

陈志，程承坪，封立涛，2022. 人工智能是否有助于解决中国经济减速［J］. 经济问题探
　　索（2）：47 - 57.

程承坪，陈志，2021. 人工智能促进中国经济增长的机理：基于理论与实证研究［J］. 经
　　济问题（10）：8 - 17.

程承坪，2021. 人工智能促进经济发展的途径［J］. 当代经济管理，43（3）：1 - 8.

崔凯，冯献，2020. 数字乡村建设视角下乡村数字经济指标体系设计研究［J］. 农业现代
　　化研究，41（6）：899 - 909.

邓翔，黄志，2019. 人工智能技术创新对行业收入差距的效应分析：来自中国行业层面的
　　经验证据［J］. 软科学，33（11）：1 - 5，10.

丁波，2022. 数字赋能还是数字负担：数字乡村治理的实践逻辑及治理反思［J］. 电子政
　　务（8）：32 - 40.

丁波，2022. 数字治理：数字乡村下村庄治理新模式［J］. 西北农林科技大学学报（社会
　　科学版），22（2）：9 - 15.

樊轶侠，徐昊，2021. 中国数字经济发展能带来经济绿化吗：来自我国省际面板数据的
　　经验证据［J］. 经济问题探索（9）：15 - 29.

范晓男，孟繁琨，鲍晓娜，等，2020. 人工智能对制造企业是否存在"生产率悖论"［J］.
　　科技进步与对策，37（14）：125 - 134.

方堃，李帆，金铭，2019. 基于整体性治理的数字乡村公共服务体系研究［J］. 电子政务
　　（11）：72 - 81.

费孝通，2016. 乡土中国［M］. 北京：北京大学出版社：23.

付吉才，2007. 云南省农业和农村信息化的实践与探索［J］. 中国农村经济（S1）：
　　83 - 86.

甘小立，汪前元，2021. 互联网使用能提高农村居民幸福感吗：基于信息获取视角的一个
　　实证检验［J］. 产经评论，12（4）：129 - 142.

耿子恒，汪文祥，2022. 中国人工智能产业发展态势及影响因素研究：基于中国 AI 上市
　　公司全要素生产率的测算与分析［J］. 企业经济，41（3）：36 - 46.

郭朝先，方澳，2021. 人工智能促进经济高质量发展：机理、问题与对策［J］. 广西社会
　　科学（8）：8 - 17.

郭敏，方梦然，2018. 人工智能与生产率悖论：国际经验［J］. 经济体制改革（5）：
　　171 - 178.

郭顺义，杨子真，2021. 数字乡村：数字经济时代的农业农村发展新范式［M］. 北京：人民邮电出版社：20.

韩晶，陈曦，2022. 数字经济赋能绿色发展：内在机制与经验证据［J］. 经济社会体制比较（2）：73-84.

韩会朝，徐康宁，2020. 智能化改造对我国企业生产率的影响研究［J］. 南京社会科学（4）：32-37，54.

韩民春，乔刚，2020. 工业机器人对中国区域经济的异质性影响研究：基于新结构经济学的视角［J］. 技术经济，39（8）：85-94.

韩瑞波，2021. 技术治理驱动的数字乡村建设及其有效性分析［J］. 内蒙古社会科学，42（3）：16-23.

韩瑞波，2021. 敏捷治理驱动的乡村数字治理［J］. 华南农业大学学报（社会科学版），20（4）：132-140.

何阳，娄成武，2021. 乡村智治：乡村振兴主体的回归：与"城归"人口补位路径的比较［J］. 理论月刊（8）：105-113.

何宏庆，2019. 数字金融：经济高质量发展的重要驱动［J］. 西安财经学院学报，32（2）：45-51.

何宏庆，2020. 数字金融助推乡村产业融合发展：优势、困境与进路［J］. 西北农林科技大学学报（社会科学版），20（3）：118-125.

何小钢，刘可，陈锦玲，2019. 人工智能的经济影响与公共政策：一个文献综述［J］. 产业组织评论，13（3）：217-235.

何小钢，2021. 人工智能的经济影响与公共政策响应［J］. 企业经济，40（8）：5-16.

侯世英，宋良荣，2021. 智能化对区域经济增长质量发展的影响及内在机理：基于2012—2018年中国省级面板数据［J］. 广东财经大学学报，36（4）：4-16.

胡安俊，2022. 人工智能、综合赋能与经济循环［J］. 当代经济管理，44（5）：58-64.

胡晟明，王林辉，赵贺，2021. 人工智能应用、人机协作与劳动生产率［J］. 中国人口科学（5）：48-62，127.

胡岚曦，胡志浩，2020. 人工智能的经济与经济学影响分析［J］. 国外社会科学（6）：127-135.

胡卫卫，申文静，2022. 技术赋能乡村数字治理的实践逻辑与运行机制：基于关中H村数字乡村建设的实证考察［J］. 湖南农业大学学报（社会科学版），23（5）：61-67，75.

黄旭，董志强，2019. 人工智能如何促进经济增长和社会福利提升？［J］. 中央财经大学学报（11）：76-85，128.

江维国，胡敏，李立清，2021. 数字化技术促进乡村治理体系现代化建设研究［J］. 电子政务（7）：72-79.

李健，2022. 数字技术赋能乡村振兴的内在机理与政策创新［J］. 经济体制改革（3）：77-83.

李翔，宗祖盼，2020. 数字文化产业：一种乡村经济振兴的产业模式与路径［J］. 深圳大学学报（人文社会科学版），37（2）：74-81.

李翠妮，葛晶，赵沙俊一，2022. 人工智能、老龄化与经济高质量发展［J］. 当代经济科学，44（1）：77-91.

李广昊，周小亮，2021. 推动数字经济发展能否改善中国的环境污染：基于"宽带中国"战略的准自然实验［J］. 宏观经济研究（7）：146-160.

李磊，徐大策，2020. 机器人能否提升企业劳动生产率？：机制与事实［J］. 产业经济研究（3）：127-142.

李磊，王小霞，包群，2021. 机器人的就业效应：机制与中国经验［J］. 管理世界，37（9）：104-119.

李青芮，2022. 乡村振兴背景下数字农业的发展策略［J］. 农业经济（10）：17-18.

李晓华，2019. 数字经济新特征与数字经济新动能的形成机制［J］. 改革（11）：40-51.

李丫丫，潘安，彭永涛，等，2018. 工业机器人对省域制造业生产率的异质性影响［J］. 中国科技论坛（6）：121-126.

李雅宁，何勤，王琦，等，2020. 人工智能上市公司全要素生产率测度及其对就业的影响研究［J］. 中国人力资源开发，37（11）：62-74.

林晨，陈小亮，陈伟泽，等，2020. 人工智能、经济增长与居民消费改善：资本结构优化的视角［J］. 中国工业经济（2）：61-83.

刘军，史梦雪，招玉辉，2021. 智能化对中国经济增长的影响研究［J］. 河海大学学报（哲学社会科学版），23（4）：44-50，106-107.

刘俊祥，曾森，2020. 中国乡村数字治理的智理属性、顶层设计与探索实践［J］. 兰州大学学报（社会科学版），48（1）：64-71.

刘亮，胡国良，2020. 人工智能与全要素生产率：证伪"生产率悖论"的中国证据［J］. 江海学刊（3）：118-123.

刘灵辉，张迎新，毕洋铭，2022. 数字乡村助力乡村振兴：内在机制与实证检验［J］. 世界农业（8）：51-65.

刘涛雄，刘骏，2018. 人工智能、机器人与经济发展研究进展综述［J］. 经济社会体制比
　　较（6）：172-178.

刘曦绯，高笑歌，2021. 乡村数字治理如何跨越"表面数字化"陷阱：基于"公民即用
　　户"视角的分析［J］. 领导科学（4）：28-30.

陆九天，陈灿平，2021. 民族地区数字乡村建设：逻辑起点、潜在路径和政策建议［J］.
　　西南民族大学学报（人文社会科学版），42（5）：154-159.

陆岷峰，徐阳洋，2021. 低碳经济背景下数字技术助力乡村振兴战略的研究［J］. 西南金
　　融（7）：3-13.

罗良文，陈敏，肖莹慧，2021. 人工智能与经济发展争议述评［J］. 社会科学战线（8）：
　　261-271.

吕普生，2020. 数字乡村与信息赋能［J］. 中国高校社会科学（2）：69-79，158-159.

吕越，谷玮，包群，2020. 人工智能与中国企业参与全球价值链分工［J］. 中国工业经济
　　（5）：80-98.

麦肯锡全球研究所，2018. 中国人工智能的未来之路［R］. 上海：麦肯锡全球研究所.

梅亮，陈劲，刘洋，2014. 创新生态系统：源起、知识演进和理论框架［J］. 科学学研
　　究，32（12）：1771-1780.

潘忠党，2012. 互联网使用和公民参与：地域和群体之间的差异以及其中的普遍性［J］.
　　新闻大学（6）：42-53.

蒲晓晔，黄鑫，2021. 人工智能赋能中国经济高质量发展的动力问题研究［J］. 西安财经
　　大学学报，34（4）：101-109.

乔晓楠，郗艳萍，2018. 人工智能与现代化经济体系建设［J］. 经济纵横（6）：81-91.

秦芳，王剑程，胥芹，2022. 数字经济如何促进农户增收?：来自农村电商发展的证据
　　［J］. 经济学（季刊），22（2）：591-612.

秦秋霞，郭红东，曾亿武，2021. 乡村振兴中的数字赋能及实现途径［J］. 江苏大学学报
　　（社会科学版），23（5）：22-33.

曲延春，2015. 差序格局、碎片化与农村公共产品供给的整体性治理［J］. 中国行政管理
　　（5）：70-73.

任保平，宋文月，2019. 新一代人工智能和实体经济深度融合促进高质量发展的效应与路
　　径［J］. 西北大学学报（哲学社会科学版），49（5）：6-13.

申丹虹，崔张鑫，2021. 基于SFA方法的中国智能制造业全要素生产率研究［J］. 调研

世界 (1)：48-53.

申丹虹，崔张鑫，2020. 人工智能促进服务业生产率了吗 [J]. 科技促进发展，16 (12)：1550-1557.

沈琼，2016. 用发展新理念引领农业现代化：挑战、引领、重点与对策 [J]. 江西财经大学学报 (3)：81-90.

沈费伟，陈晓玲，2021. 保持乡村性：实现数字乡村治理特色的理论阐述 [J]. 电子政务 (3)：39-48.

沈费伟，叶温馨，2021. 数字乡村建设：实现高质量乡村振兴的策略选择 [J]. 南京农业大学学报 (社会科学版)，21 (5)：41-53.

沈费伟，袁欢，2020. 大数据时代的数字乡村治理：实践逻辑与优化策略 [J]. 农业经济问题 (10)：80-88.

沈费伟，2021. 数字乡村韧性治理的建构逻辑与创新路径 [J]. 求实 (5)：72-84，111.

师博，2019. 人工智能促进新时代中国经济结构转型升级的路径选择 [J]. 西北大学学报 (哲学社会科学版)，49 (5)：14-20.

师博，2020. 人工智能助推经济高质量发展的机理诠释 [J]. 改革 (1)：30-38.

史依铭，严复雷，2023. "数字红利"还是"数字鸿沟"：数字金融发展与我国宏观区域经济 [J]. 统计学报，4 (1)：55-72.

宋晓玲，2017. 数字普惠金融缩小城乡收入差距的实证检验 [J]. 财经科学 (6)：14-25.

宋旭光，左马华青，2019. 工业机器人投入、劳动力供给与劳动生产率 [J]. 改革 (9)：45-54.

孙早，侯玉琳，2021. 人工智能发展对产业全要素生产率的影响：一个基于中国制造业的经验研究 [J]. 经济学家 (1)：32-42.

田祥宇，2023. 乡村振兴驱动共同富裕：逻辑、特征与政策保障 [J]. 山西财经大学学报，45 (1)：1-12.

佟玲，田华，李媛媛，2022. 数字普惠金融赋能乡村振兴内在机理、现实困境及路径选择 [J]. 农业经济 (10)：113-114.

佟林杰，张文雅，2021. 乡村数字治理能力及其提升策略 [J]. 学术交流 (12)：118-125，187.

童磊，严靖舒，2022. 农业保险研究演进脉络梳理及前沿趋势探析：基于文献计量学的可视化分析 [J]. 中国软科学 (3)：67-77.

涂明辉，谢德城，2021. 数字乡村建设的理论逻辑、地方探索与实现路径［J］. 农业考古
（6）：266 – 272.

汪连杰，2018. 互联网使用、闲暇偏好与农村居民幸福感：基于性别差异视角的分析
［J］. 哈尔滨商业大学学报（社会科学版）（4）：26 – 34.

王胜，余娜，付锐，2021. 数字乡村建设：作用机理、现实挑战与实施策略［J］. 改革
（4）：45 – 59.

王薇，戴姣，李祥，2021. 数据赋能与系统构建：推进数字乡村治理研究［J］. 世界农业
（6）：14 – 22，110.

王冠群，杜永康，2021. 技术赋能下"三治融合"乡村治理体系构建：基于苏北 F 县的个
案研究［J］. 社会科学研究（5）：124 – 133.

王林辉，胡晟明，董直庆，2020. 人工智能技术会诱致劳动收入不平等吗：模型推演与分
类评估［J］. 中国工业经济（4）：97 – 115.

王文，牛泽东，孙早，2020. 工业机器人冲击下的服务业：结构升级还是低端锁定［J］.
统计研究，37（7）：54 – 65.

王文彬，王倩，2022. 基层治理数字化整体性转型：生态、逻辑与策略［J］. 深圳大学学
报（人文社会科学版），39（5）：103 – 111.

王永钦，董雯，2020. 机器人的兴起如何影响中国劳动力市场？：来自制造业上市公司的
证据［J］. 经济研究，55（10）：159 – 175.

王泽宇，2020. 企业人工智能技术强度与内部劳动力结构转化研究［J］. 经济学动态
（11）：67 – 83.

王子敏，李婵娟，2016. 中国互联网发展的节能减排影响实证研究：区域视角［J］. 中国
地质大学学报（社会科学版），16（6）：54 – 63.

魏玮，张万里，宣旸，2020. 劳动力结构、工业智能与全要素生产率：基于我国 2004—
2016 年省级面板数据的分析［J］. 陕西师范大学学报（哲学社会科学版），49（4）：
143 – 155.

魏作磊，刘海燕，2019. 服务业比重上升降低了中国经济增长速度吗？［J］. 经济学家
（11）：55 – 63.

吴承忠，2019. 5G 智能时代的文化产业创新［J］. 深圳大学学报（人文社会科学版），36
（4）：51 – 60.

吴越菲，2022. 技术如何更智慧：农村发展中的数字乡村性与智慧乡村建设［J］. 理论与
改革（5）：94 – 108，150.

夏显力，陈哲，张慧利，等，2019.农业高质量发展：数字赋能与实现路径［J］.中国农村经济（12）：2-15.

肖若晨，2019.大数据助推乡村振兴的内在机理与实践策略［J］.中州学刊（12）：48-53.

徐旭初，吴彬，金建东，2022.数字赋能乡村：数字乡村的理论与实践［M］.杭州：浙江大学出版社：99，175，179，237.

许宪春，任雪，常子豪，2019.大数据与绿色发展［J］.中国工业经济（4）：5-22.

杨飞，范从来，2020.产业智能化是否有利于中国益贫式发展？［J］.经济研究，55（5）：150-165.

杨光，侯钰，2020.工业机器人的使用、技术升级与经济增长［J］.中国工业经济（10）：138-156.

杨江华，刘亚辉，2022.数字乡村建设激活乡村产业振兴的路径机制研究［J］.福建论坛（人文社会科学版）（2）：190-200.

杨嵘均，操远芃，2021.论乡村数字赋能与数字鸿沟间的张力及其消解［J］.南京农业大学学报（社会科学版），21（5）：31-40.

易君，杨值珍，2022.我国城乡数字鸿沟治理的现实进展与优化路径［J］.江汉论坛（8）：65-70.

易行健，周利，2018.数字普惠金融发展是否显著影响了居民消费：来自中国家庭的微观证据［J］.金融研究（11）：47-67.

殷浩栋，霍鹏，汪三贵，2020.农业农村数字化转型：现实表征、影响机理与推进策略［J］.改革（12）：48-56.

张鸿，杜凯文，靳兵艳，2020.乡村振兴战略下数字乡村发展就绪度评价研究［J］.西安财经大学学报，33（1）：51-60.

张勋，万广华，张佳佳，等，2019.数字经济、普惠金融与包容性增长［J］.经济研究，54（8）：71-86.

张丽艳，段波，2022.中国数字乡村研究热点和趋势分析［J］.科学与管理，42（6）：36-42＋95.

张龙鹏，张双志，2020.技术赋能：人工智能与产业融合发展的技术创新效应［J］.财经科学（6）：74-88.

张荣博，钟昌标，2023.数字乡村建设与县域生态环境质量：来自电子商务进农村综合示范政策的经验证据［J］.当代经济管理，45（2）：54-65.

张三峰，魏下海，2019. 信息与通信技术是否降低了企业能源消耗：来自中国制造业企业调查数据的证据 [J]. 中国工业经济（2）：155 - 173.

张务锋，2018. 坚持以高质量发展为目标加快建设粮食产业强国 [J]. 人民论坛（25）：6 - 9.

赵嫚，王如忠，2022. 数字文化创意产业赋能乡村振兴的作用机制和路径研究 [J]. 上海文化（4）：12 - 18，123.

赵旱，2020. 乡村治理模式转型与数字乡村治理体系构建 [J]. 领导科学（14）：45 - 48.

赵晓峰，刘海颖，2022. 数字乡村治理：理论溯源、发展机遇及其意外后果 [J]. 学术界（7）：125 - 133.

郑江淮，冉征，2021. 智能制造技术创新的产业结构与经济增长效应：基于两部门模型的实证分析 [J]. 中国人民大学学报，35（6）：86 - 101.

郑琼洁，王高凤，2021. 人工智能技术应用与中国制造业企业生产率：兼对"生产率悖论"的再检验 [J]. 学习与实践（11）：59 - 69.

郑永兰，周其鑫，2022. 乡村数字治理的三重面向：理论之维、现实之困与未来之路 [J]. 农林经济管理学报，21（6）：635 - 643.

钟义信，2017. 人工智能：概念·方法·机遇 [J]. 科学通报，62（22）：2473 - 2479.

周广肃，李力行，孟岭生，2021. 智能化对中国劳动力市场的影响：基于就业广度和强度的分析 [J]. 金融研究（6）：39 - 58.

周梦冉，2022. 乡村数字治理中农民主体性问题研究 [J]. 四川行政学院学报（4）：97 - 104.

朱巧玲，李敏，2018. 人工智能、技术进步与劳动力结构优化对策研究 [J]. 科技进步与对策，35（6）：36 - 41.

朱秋博，白军飞，彭超，等，2019. 信息化提升了农业生产率吗？ [J]. 中国农村经济（4）：22 - 40.

Acemoglu D，Restrepo P，2018. The race between machine and man：implications of technology for growth，factor shares and employment [J]. American Economic Review，108（6）：1488 - 1542.

Acemoglu D，Autor D，2011. Skills，tasks and technologies：Implications for employment and earnings [C] //CARD D，ASHENFELTER O. Handbook of Labor Economics [M]. San Diego：Elsevier：1043 - 1171.

Acemoglu D，Restrepo P. Artificial intelligence，automation，and work [C] //Agrawal

A，Goldfarb A，Gans J，2018. The Economics of Artificial Intelligence: An Agenda [M]. Chicago: University of Chicago Press: 349 – 390.

Acemoglu D，Restrepo P，2020. Robots and jobs: evidence from US labor markets [J]. Journal of Political Economy，128 (6): 2188 – 2244.

Acemoglu D，1999. Changes in unemployment and wage inequality: an alternative theory and some evidence [J]. American Economic Review，89 (5): 1259 – 1278.

Acemoglu D，1998. Why do new technologies complement skills? Directed technical change and wage inequality [J]. The Quarterly Journal of Economics，113 (4): 1055 – 1089.

Aghion P，Jones B E，Jones C I，2017. Artificial intelligence and economic growth [R]. Cambridge: National Bureau of Economic Research.

Aghion P，Howitt P，1994. Growth and unemployment [J]. The Review of Economic Studies，61 (3): 477 – 494.

Aker J C，Ghosh I，Burrell J，2016. The Promise (and Pitfalls) of ICT for Agriculture Initiatives [J]. Agricultural Economics，47 (S1): 35 – 48.

Anifowose F A，Eludiora S I，2012. Application of artificial intelligence in network intrusion detection [J]. World Applied Programming，2 (3): 158 – 166.

Autor D H，Katz L F，Kearney M S，2006. The polarization of the US labor market [J]. American Economic Review，96 (2): 189 – 194.

Autor D H，Levy F，Murnane R J，2003. The skill content of recent technological change: an empirical exploration [J]. Quarterly Journal of Economics，118 (4): 1279 – 1333.

Autor D，Salomons A，2018. Is automation labor – displacing? Productivity growth, employment, and the labor share [R]. Washington: Brookings Institution Press.

Benzell S G，Kotlikoff L J，Lagarda G，et al，2015. Robots are us: some economics of human replacement [R]. Cambridge: National Bureau of Economic Research.

Brynjolfsson E，Rock D，Syverson C，2017. Artificial intelligence and the modern productivity paradox: a clash of expectations and statistics [R]. Cambridge: National Bureau of Economic Research.

Cette G，Devillard A，Spiezia V，2020. Growth factors in developed countries: a 1960 – 2019 growth accounting decomposition [J]. Working Papers，64 (2): 159 – 185.

Cette G，Devillard A，Spiezia V，2021. The contribution of robots to productivity growth in 30 OECD countries over 1975—2019 [J]. Economics Letters，200 (6)：1 - 4.

Chen K，Stafford F P，1988. Employment and organization aspects of high technology：a case study of machine vision [J]. Human Systems Management，7 (3)：233 - 242.

Cristian A，Andrew B，Siddharth K，et al，2022. Will the AI revolution cause a great divergence? [J]. Journal of Monetary Economics (127)：18 - 37.

Damioli G，Roy V V，Vertesy D，2021. The impact of artificial intelligence on labor productivity [J]. Eurasian Economic Review，11 (1)：1 - 26.

Decheng F，Kairan L，2021. The relationship between artificial intelligence and China's sustainable economic growth：focused on the mediating effects of industrial structural change [J]. Sustainability，13 (20)：1 - 15.

Deichmann U，Goyal A，Mishra D，2016. Will Digital Technologies Transform Agriculture in Developing Countries? [J]. Agricultural Economics，47 (S1)：21 - 33.

Du L，Lin W，2022. Does the application of industrial robots overcome the Solow paradox? Evidence from China [J]. Technology in Society68：1 - 14.

Eder A，Koller W，Mahlberg B，2022. The contribution of industrial robots to labor productivity growth and economic convergence：a production frontier approach [R]. St. Louis：Federal Reserve Bank of St Louis.

Furman J，Seamans R，2019. AI and the economy [J]. Innovation Policy and the Economy，19 (1)：161 - 191.

Gasteiger E，Prettner K，2020. Automation，stagnation，and the implications of robot tax [J]. Macroeconomic Dynamics，26 (1)：218 - 249.

Goos M，Manning A，Salomons A，2014. Explaining job polarization：routine - biased technological change and offshoring [J]. American Economic Review，104 (8)：2509 - 2526.

Gordon R J，2014. The demise of US economic growth：Restatement，rebuttal，and reflections [R]. Cambridge：National Bureau of Economic Research.

Graetz G，Michaels G，2018. Robots at work：the impact on productivity and jobs [J]. Review of Economics and Statistics，100 (5)：753 - 768.

Granell C，Havlik D，Schade S，et al，2016. Future Internet Technologies for Environmental Applications [J]. Environmental Modeling and Software (78)：1 - 15.

Gries T，Naudé W，2020. Artificial intelligence，income distribution and economic growth

［R］. St. Louis: Federal Reserve Bank of St Louis.

Guvenen, Rjmjr, Rassie, et al, 2018. Offshore profit shifting and domestic productivity measurement ［J］. The American Economic Review, 4 (2): 373 – 438.

Hanson R, 2001. Economic growth given machine intelligence ［R］. Berkeley: University of California.

Hémous D, Olsen M, 2022. The rise of the machines: automation, horizontal innovation, and income inequality ［J］. American Economic Journal: Macroeconomics, 14 (1): 179 – 223.

Hirko K A, Kerver J M, Ford S, et al, 2020. Telehealth in Response to the Covid – 19 Pandemic: Implications for Rural Health Disparities ［J］. Journal of the American Medical Informatics Association, 27 (11): 1816 – 1818.

Jungmittag A, Pesole A, 2019. The impact of robots on labour productivity: a panel data approach covering 9 industries and 12 countries ［R］. St. Louis: Federal Reserve Bank of St Louis.

Kapoor A, 2014. Financial Inclusion and the Future of the Indian Economy ［J］. Futures, 56: 35 – 42.

Korinek A, Stiglitz J E, 2018. Artificial intelligence and its implications for income distribution and unemployment ［C］ //AGRAWAL A, GOLDFARB A, GANS J. The economics of artificial intelligence: an agenda. Chicago: University of Chicago Press: 349 – 390.

Kshetri N, 2020. Artificial intelligence in developing countries ［J］. IT Professional, 22 (4): 63 – 68.

Kukushkina A V, Mursaliev A, Krupnov Y A, et al, 2022. Environmental competitiveness of the economy: opportunities for its improvement with the help of AI ［J］. Frontiers in Environmental Science (10): 1 – 9.

Leong C, Pan S L, Newell S, et al, 2016. The Emergence of Self – Organizing E – Commerce Ecosystems in Remote Villages of China: A Tale of Digital Empowerment for Rural Development ［J］. Mis Quarterly, 40 (2): 475 – 484.

Leszczynski A, 2015. Spatial Mediation ［J］. Progress in Human Geography, 39 (6): 729 – 751.

Leyshon A, Thrift N, 1993. The Restructuring of the U. K. Financial Services Industry in the 1990s: A Reversal of Fortune? ［J］. Journal of Rural Studies, 9 (3): 223 – 241.

Lu C H, 2021. The impact of artificial intelligence on economic growth and welfare [J]. Journal of Macroeconomics (69): 1-15.

Mark P, Paul D, 2017. How AI boosts industry profits and innovation [R]. Dublin: Accenture.

Moor J, 2006. The Dartmouth college artificial intelligence conference: the next fifty years [J]. AI Magazine, 27 (4): 87-91.

Nordhaus W D, 2015. Are we approaching an economic singularity? Information technology and the future of economic growth [R]. Cambridge: National Bureau of Economic Research.

Oleary D E, 1999. Artificial intelligence and expert systems in accounting databases: survey and extensions [J]. Expert Systems with Applications, 3 (1): 143-152.

Ozcan B, Apergis N, 2018. The Impact of Internet Use on Air Pollution: Evidence from Emerging Countries [J]. Environmental Science and Pollution Research, 25 (5): 4174-4189.

Park S, 2017. Digital Inequalities in Rural Australia: A Double Jeopardy of Remoteness and Social Exclusion [J]. Journal of Rural Studies (54): 399-407.

Philip L, Cottrill C, Farrington J, et al, 2017. The Digital Divide: Patterns, Policy and Scenarios for Connecting the 'Final Few' in Rural Communities Across Great Britain [J]. Journal of Rural Studies (54): 386-398.

Prettner K, 2019. A note on the implications of automation for economic growth and the labor share [J]. Macroeconomic Dynamics, 23 (3): 1294-1301.

Prieger J E, 2013. The Broadband Digital Divide and the Economic Benefits of Mobile Broadband for Rural Areas [J]. Telecommunications Policy, 37 (6-7): 483-502.

Ramesh A N, Kambhampati C, Monson J R T, et al, 2004. Artificial intelligence in medicine [J]. Annals of the Royal College of Surgeons of England, 86 (5): 334-338.

Restrepo P, Acemoglu D, 2018. Artificial intelligence, automation and work [R]. Cambridge: National Bureau of Economic Research.

Rotz S, Gravely E, Mosby L, et al, 2019. Automated Pastures and the Digital Divide: How Agricultural Technologies Are Shaping Labour and Rural Communities [J]. Journal of Rural Studies, 68: 112-122.

Sachs J D, Benzell S G, LAGARDA G, 2015. Robots: curse or blessing? A basic framework [R]. Cambridge: National Bureau of Economic Research.

Sachs J D, Kotlikoff L J, 2012. Smart machines and long-term misery [R]. Cambridge: National Bureau of Economic Research.

Schlogl L, Sumner A, 2018. The rise of the robot reserve army: automation and the future of economic development, work, and wages in developing countries [R]. St. Louis: Federal Reserve Bank of St Louis.

Syverson C, 2017. Challenges to mismeasurement explanations for the US productivity slowdown [J]. Journal of Economic Perspectives, 31 (2): 165-186.

Venkatesh V, Sykes T A, 2013. Digital Divide Initiative Success in Developing Countries: A Longitudinal Field Study in a Village in India [J]. Information Systems Research, 24 (2): 239-260.

Woods M, 2010. Performing Rurality and Practising Rural Geography [J]. Progress in Human Geography, 34 (6): 835-846.

Yingying L, Yixiao Z, 2021. A review on the economics of artificial intelligence [J]. Journal of Economic Surveys, 35 (4): 1045-1072.

Zeira J, 1998. Workers, machines, and economic growth [J]. Quarterly Journal of Economics, 113 (4): 1091-1117.

后　记
POSTSCRIPT

　　在人工智能浪潮席卷全球的今天，我们为何选择将目光投向乡村？答案藏在每一寸土地的褶皱里，藏在每一位农人质朴的笑容中，藏在乡村振兴战略的宏伟蓝图里。人工智能不应仅仅是城市的专属，它更应成为乡村的春雨，润泽每一寸土地，唤醒沉睡的田野，让传统与现代在乡土间交织出新的华章。

　　人工智能作为新一轮科技革命的核心变量，正在重塑全球经济与社会的运行逻辑。我们为何执着于撰写人工智能嵌入数字乡村建设的研究？因为技术的每一次跃迁，都应是人类文明的进步。我们希望用理论的光芒照亮实践的道路，用实践的温度验证理论的价值。因此，本书从理论与实践两个篇章展开：理论篇章构建了人工智能与数字乡村建设的逻辑框架，回答了"为什么"和"如何"的问题；实践篇章则通过国内外的典型案例，验证了理论的适用性与现实意义。

　　从美国的智慧农业到日本的政策协同，从韩国的村民自治到欧洲的全产业链创新，国外的模式与经验为我们提供了丰富的启示。这些案例如同一面面镜子，映照出技术与乡村融合的无限可能。然而，我们深知，理论的普适性需要在本土实践中找到落脚点。于是，我们将目光投向丽水，这片浙西南的灵秀之地。丽水，承载了我们长达一年的田野调查。我们走过云雾缭绕的茶园，踏过溪水潺潺的村落，记录下智能传感器在农田间跳动的数据，聆听农人与机器对话的声音。我们看见，人工智能如何让古老的石雕在青田焕发新生；如何让松阳的茶叶飘香全球；如何让遂昌的乡村治理变得精准而温暖；又如何让景宁的农产品插上数字化的翅膀。这些故事，是技术与乡土最动人的邂逅。这一年，我们与团队里的叶萍同学并肩同行。她以田野为纸、实践为笔，将青春的敏锐与执着深植于泥土之中。那些沾满露水的笔记、定格晨昏的镜头，不仅为书中的数据与图表注入了生命的温度，更将农人眼中的希望、孩童脸上的笑容转化为文字间跃动的脉搏。感谢她为此书撰写作出的贡献！

我们希望，这本书能成为一扇窗，让学术研究者与高校师生窥见数字乡村的理论前沿；成为一座桥，连接政策制定者与政府官员的实践需求；化作一粒种，激发农业科技与数字乡村从业者的创新灵感；更愿它是一阵风，吹动每一位普通读者心间的乡土情愫。

当人工智能的光芒照亮乡村的每一个角落，我们相信，那将是技术最温柔的归宿，也是人类最美好的共同富裕图景。愿这本书承载着田野间的希望与梦想，走向每一位探索者、筑梦者、创新者与见证者的心中，共同书写乡村振兴的壮丽诗篇。

图书在版编目（CIP）数据

人工智能嵌入数字乡村建设：理论与实践 / 张敏，
董建博著. -- 北京：中国农业出版社，2025.5.
ISBN 978-7-109-33354-3

Ⅰ. F320. 3-39

中国国家版本馆 CIP 数据核字第 2025SH0222 号

人工智能嵌入数字乡村建设：理论与实践
RENGONG ZHINENG QIANRU SHUZI XIANGCUN JIANSHE：
LILUN YU SHIJIAN

中国农业出版社出版

地址：北京市朝阳区麦子店街 18 号楼

邮编：100125

责任编辑：王秀田

版式设计：小荷博睿　　责任校对：张雯婷

印刷：北京中兴印刷有限公司

版次：2025 年 5 月第 1 版

印次：2025 年 5 月北京第 1 次印刷

发行：新华书店北京发行所

开本：700mm×1000mm　1/16

印张：14

字数：203 千字

定价：68.00 元